# *Dem Licht entgegen*

Aus dem Französischen übersetzt
Originaltitel:
»Marchez tant que vous avez la lumière«


ISBN 978-2-85566-938-0
Französische Originalausgabe



ISBN 978-3-89515-099-9

3. Auflage

Druck 2025: Interpress, Ungarn

**Omraam Mikhaël Aïvanhov**

# Dem Licht entgegen

Reihe Izvor – Band 244

# INHALT

*Da Meister Omraam Mikhaël Aïvanhov seine Lehre ausschließlich mündlich überlieferte, wurden seine Bücher aus stenografischen Mitschriften, Tonband- und Videoaufnahmen seiner frei gehaltenen Vorträge erstellt.*

# Kapitel 1

## Um nicht mehr sagen zu müssen: Wenn ich gewusst hätte...!

Die Menschen sind voll und ganz in der Lage, vom Verstand her zu unterscheiden, wo für sie selbst und wo ebenso für die anderen das Gute und das Böse liegen, aber sie begehen weiterhin dieselben Irrtümer. Das ist schwer nachvollziehbar, aber es ist so. Man gibt ihnen Erklärungen, sie verstehen, sie stimmen zu, aber sie tun das Gegenteil von dem, was sie angeblich so sicher verstanden haben. Und warum ist das so? Weil es nicht genügt, sich an ihren Intellekt zu wenden, man muss andere Saiten in ihnen zum Schwingen bringen. Man kann sich nicht wirklich auf jemanden verlassen, der sagt: »Ja, ich verstehe«, denn wenn seine Gefühle und seine Wünsche ihn in eine andere Richtung drängen, wird er genau dorthin gehen.

Ich mache mir daher keine Illusionen, ich weiß, dass die Möglichkeiten eines geistigen Meisters begrenzt sind. Seine Aufgabe besteht darin, die Menschen aufzuklären, ihnen begreiflich zu machen, wie sie aus den Sümpfen, in denen sie festsitzen, heraus gelangen können, und ihnen die großartigen Regionen zu beschreiben, die auf sie warten, wenn sie sich dorthin aufmachen. Aber der Meister vermag nicht, ihre Vorlieben und ihre Bedürfnisse zu ändern. Dazu haben allein die Schüler selbst die Macht, indem sie spüren, dass sie dort ihr Heil finden werden.[1] Selbst wenn es ihnen gelingt, es zu spüren, ist in Wirklichkeit auch das noch nicht genug. Ja, selbst wenn sie von ganzem Herzen wünschen, sich auf den Weg des Lichts zu begeben, taucht eine dritte Schwierigkeit auf, die schrecklichste von allen: Etwas in ihnen, das man »Gewohnheit« nennt, widersetzt sich dieser Neuorientierung.

Ich gebe euch ein sehr einfaches Beispiel. Man bringt im Fernsehen eine Sendung über Hungersnöte in Afrika: Alle Zuschauer verstehen, dass man etwas tun sollte, denn es ist unmenschlich, die Völker so leiden zu lassen. Viele werden sogar erschüttert sein und beim Anblick dieses Elends werden ihnen die Tränen in die Augen steigen. Wenn man ihnen jetzt aber sagt: »Sie können das und das tun, damit diese Völker etwas zu essen haben«, wie viele werden dann bereit sein, ihr beschauliches Leben und ihre Gewohnheiten aufzugeben? Wie viele werden sich entschließen, das Geld, das sie für ihre Bequemlichkeit, ihr Vergnügen vorgesehen haben – und sei es nur ein Teil davon –, dafür zu verwenden, diesen Unglücklichen zu helfen? Nun, genau dasselbe geschieht, wenn es darum geht, sein Leben zu ändern; das bedeutet, der Verstand und das Gefühl können einverstanden sein, aber bis es dann auch dem Willen gelingt, die schlechten Gewohnheiten, die Trägheit und den Egoismus zu besiegen, bis dahin ist es noch ein weiter Weg.

Wenn sie mich sprechen hören oder meine Bücher lesen, weiß ich, dass manche denken: »Ach, der Arme! Wie kann er glauben, es sei so leicht, die Menschen auf den Weg der Weisheit, der Gerechtigkeit, der Liebe zu führen...?« Nein, ich glaube nicht, dass dies leicht ist, ich bin keineswegs so naiv. Ich spreche, um diejenigen aufzuklären, die gekommen sind, mir zuzuhören, denn jede innere Veränderung beginnt mit dem Verstehen, aber ich weiß sehr wohl, dass alles Übrige nicht von mir abhängt. All diejenigen, die sich lieber Illusionen hingeben, kann ich nicht dazu bringen, die Wahrheit zu lieben.

Und selbst wenn einer die Wahrheit entdeckt und sie liebt, kann man sagen, dass gerade damit die Schwierigkeiten erst beginnen. Diese Schwierigkeiten, die habe ich zuerst in mir selbst entdeckt. Ich habe verstanden, dass man das Licht empfangen kann, dass man das Licht lieben kann, aber wenn es darum geht, die psychische Materie vor diesem Licht in die Knie zu zwingen, damit sie davon durchdrungen wird, mein Gott, wie langwierig und schwierig ist das! Einen Moment ist sie fügsam und lässt sich modellieren, dann plötzlich widersetzt sie sich, lehnt sich auf, und gewinnt die Oberhand. Dann muss alles von Neuem begonnen werden. Aber man darf sich nicht entmutigen lassen, denn nach und nach wird diese Materie schließlich doch nachgeben. Von dem Moment an, wo das Verständnis da ist und auch die Liebe, muss die Verwirklichung eines Tages kommen. Eines ist jedoch auf alle Fälle sicher: Ohne Verständnis und ohne Liebe hofft man von vornehe-rein vergeblich auf positive Ergebnisse, und seien sie noch so bescheiden.

Zu verstehen, wo das Gute ist und sich dieses Gute zu wünschen, das ist vielleicht nicht einfach, aber es ist in jedem Fall weniger schwierig als die dritte Etappe: die Anwendung. Jeder kann sehr wohl einräumen, dass es allemal besser ist, maßvoll zu sein, seinem Ehepartner treu zu sein, seine Wutausbrüche zu beherrschen, auf ehrliche Weise zu handeln und aufrichtig zu wünschen, dass dies auch gelingt; aber dann, wenn die Versuchung kommt, wie stellt man es dann an, nicht schwach zu werden? Um zu widerstehen, muss die Frage auf drei Ebenen, auf der Ebene des Intellekts, der Ebene des Herzens und der Ebene des Willens klar sein, und am allerschwierigsten ist es, den Willen so weit zu bringen, dass er seine Gewohnheiten ändert.

Eine schlechte Gewohnheit ist wie ein Klischee, das sich unseren feinstofflichen Körpern einprägt.[2] Hat es sich einmal eingeprägt, wiederholt es sich endlos. Selbst wenn man anschließend seinen Fehler bedauert, nützt das nicht viel, man wiederholt ihn, man bedauert aufs Neue, und so fort; eine endlose Kette von Fehlern und Bedauern. Kämpfen, jammern, bereuen, das ist meist unwirksam, denn das Schuldbewusstsein prägt seinerseits wieder ein Klischee ein, also taucht es nach dem Fehler wieder auf, hilft jedoch nicht, diesen zu korrigieren. Es ist so, als seien Fehler und Schuldbewusstsein zwei Wesen, zwischen denen keinerlei Verbindung besteht. Sie folgen aufeinander, das ist alles. Ihr sagt: »Aber das kommt daher, dass der Mensch schwach ist!« Ja, er ist schwach; er ist schwach, weil er unwissend ist. An dem Tag, an dem er das Licht haben wird, wird es ihm gelingen, über seine schlechten Gewohnheiten zu triumphieren.

Was soll man also tun? Das Klischee ersetzen, das heißt, die schlechten Gewohnheiten ersetzen, indem man fleißig bestrebt ist, nach und nach und bewusst, andere Gedanken und andere Gefühle zu haben, und vor allem andere Gesten auszuführen. Es gibt dann ebenso viele neue Aufzeichnungen und neue Klischees, denen es gelingen wird, die alten zu neutralisieren. Sie werden diese nicht löschen, denn in der Natur wird nichts gelöscht, aber sie werden diese überlagern und dann ihrerseits wirken.

Ein Mann hat mir eines Tages anvertraut, dass er unwiderstehlich von ganz jungen Mädchen angezogen wird; er war sich bewusst, wie gefährlich das ist, aber er wusste nicht, wie er gegen diese Neigung kämpfen sollte und bat mich um Rat. Nun, ich gab ihm folgenden Rat: »Versuchen

Sie, einem jungen Mädchen zu begegnen, das Sie eher gleichgültig lässt, so werden Sie sich leichter beherrschen können und sich so bewusst zur Gewohnheit machen, Distanz zu wahren. Dann begegnen Sie einer anderen und noch einer anderen, und Sie verhalten sich weiterhin korrekt. Auf diese Weise prägen Sie sich nach und nach ein neues Verhalten ein, und dieses neue Verhalten wird die Oberhand gewinnen. Wenn Sie dann einem dieser jungen Mädchen gegenüberstehen, das Sie zuvor die Beherrschung verlieren ließ, werden Sie untadelig bleiben. Aber seien Sie wachsam, üben Sie weiterhin mit denen, die Sie nicht in Versuchung führen.«

Doch was tut man im Allgemeinen? Genau das Gegenteil: Man stürzt sich auf die Personen und die Dinge, die einem Spaß machen, und man wendet sich von den anderen ab. Um eine Versuchung oder eine Schwäche zu überwinden, müsst ihr euch bemühen, das gefährdende Objekt durch ein anderes, für euch unbedenkliches zu ersetzen. Die neuen Klischees, die ihr euch auf diese Weise einprägt, werden euch schützen. Doch auch wenn ihr keinen Versuchungen ausgesetzt seid, die euch schaden würden, falls ihr ihnen erliegt, solltet ihr immer daran denken, neue, bessere Klischees zu erschaffen, damit ihr Fortschritte macht.

Und wisst ihr, dass es der Teufel ist – nennen wir ihn mal so –, der die Menschen oft in das Bedauern drängt, damit sie immer weiter dem

Weg des Irrtums folgen, mit frischen Kräften und neuem Elan? Oh nein, das wisst ihr natürlich nicht. Mit Bedauern und Klagen stärkt man das Verlangen der anderen Seite; es ist, als würde mit diesen Tränen und diesem Bedauern das Verlangen Kräfte schöpfen, um aufs Neue wie entfesselt loszulegen. Ja, genau so ist die menschliche Natur, und wer ihre Winkelzüge und ihre Fallen nicht kennt, begeht immer weiter Irrtümer.

Wie viele Leute bilden sich ein, sie würden auf der Grundlage des Guten, das sie verstehen und lieben, handeln! Tatsächlich machen sie genau das Gegenteil, doch unmöglich, sie zur Einsicht zu bringen. Warum? Weil sie sich vorstellen, dass es genüge, wenn man mit dem Verstand ein Ideal erkennt und sich seine Verwirklichung wünscht, um dieses Ziel zu erreichen. Doch leider ist das nicht so, denn gerade dort beginnt der schwierigste Teil. Und darum ist Klarheit eine der wichtigsten Eigenschaften des geistigen Schülers.

Gutes Verhalten ist wünschenswert, aber schlechtes Verhalten ist noch nicht das Schlimmste. Das Schlimmste ist, sich dessen nicht bewusst zu sein. Derjenige, der unfähig ist zu erkennen, dass er schlecht gehandelt hat, verfängt sich letztlich in unentwirrbaren Widersprüchen. Er begegnet Misserfolgen, er wird von den anderen abgelehnt und weiß nicht warum. Er hält sich für untadelig, er ist überzeugt, dass die anderen ihm zustimmen, ja, ihn sogar bewundern. Er ist beunruhigt von dem, was ihm geschieht, und bildet sich ein, die ganze Welt verschwöre sich gegen ihn, was seine Gedanken und Gefühle sehr negativ beeinflusst. Als Folge lehnt er sich auf und verliert in dieser Auflehnung sein Licht und seine Liebe. All das, weil er sich weigert einzusehen, dass es ihm nicht gelungen ist, die Arbeit auf der dritten Ebene zu erledigen: der Verwirklichung.

Solange man nicht begriffen hat, wie zäh die niedere Natur des Menschen ist und wie viel Achtsamkeit, Demut und Opfergeist die Arbeit an ihr erfordert, ist es nahezu zwecklos, sich auf den spirituellen Weg einzulassen.[3] Allzu viele Menschen glauben, sie würden sich rasch verwandeln, nur weil sie eine spirituelle Lehre gefunden haben. Dem ist leider nicht so. Die Bemeisterung des psychischen Lebens ist sehr viel schwieriger, als sie sich das vorstellen! Natürlich findet man in jedem Menschen diese Fähigkeit der Erneuerung, der Regeneration, der Vergöttlichung, aber das ist ein sehr langsamer Prozess, und was jeder in dieser Inkarnation verwirklichen kann, hängt von der Arbeit ab, die bereits in den vorangegangenen Inkarnationen begonnen wurde.[4]

Für denjenigen, der sich der Schwierigkeiten nicht bewusst ist, auf die man unweigerlich im spirituellen Leben treffen wird, ist es unmöglich, Fortschritte zu machen, und noch unmöglicher ist es, den anderen zu helfen: Angesichts der wenigen Erfolge wird er sehr schnell mutlos werden. Ein spiritueller Lehrer oder Führer erklärt und wiederholt, er hat den Eindruck, verstanden worden zu sein; aber dann tun diejenigen, die behaupten, ihm zu folgen, genau das Gegenteil von dem, was sie doch anscheinend verstanden haben. Wie soll man da mit der Zeit nicht müde, entmutigt und sogar verärgert sein? Doch die Eigenschaften eines Lehrers sind Beständigkeit, Geduld, Nachsicht.

Diese Beständigkeit, diese Geduld, diese Nachsicht sind unverzichtbar; es ist die Sonne die das Vorbild gibt.[5] Deshalb muss ein spiritueller Führer so wie die Sonne sein Licht geben, und dann tun diejenigen, die er erhellt hat, ihr Möglichstes.

Jeden Tag betrachte ich die Sonne und ich sehe, dass sie sich nicht entrüstet, dass sie sich nicht verdunkelt, dass sie nicht den Mut verliert unter dem Vorwand, die Menschen wüssten ihr Licht nicht zu schätzen und nicht zu nutzen. Also sage ich mir, dass auch ich mich weder entrüsten noch verdunkeln noch den Mut verlieren sollte.

Keiner braucht mir zu erklären, wie schwierig es ist, den Menschen dabei zu helfen, sich zu bessern. Selbst wenn sie sich seine Schüler nennen, glauben sie oft, besser zu wissen als ihr Meister, was gut für sie ist. Sie wollen ihre Erfahrungen machen und sie tun es. Einige Zeit später, wenn sie vom Leben ordentlich hart angefasst und enttäuscht worden sind, verstehen sie endlich. Von dem Moment an wollen sie auch die anderen von diesem neu erlangten Wissen profitieren lassen;

aber warum sollten die anderen auf sie hören? Auch sie wollen ihre Erfahrungen machen. Und darum kommt die Weisheit, welche die einen auf Kosten so vieler Anstrengungen gewonnen haben, so selten anderen zugute.

Die Menschen müssen vom Leben erst ordentlich gepiekt und gebissen werden, damit sie anerkennen, dass die Weisen Recht haben. Erst dann sind sie ihrerseits weise geworden. Doch es sind nicht besonders viele, die danach streben, von ihrer Weisheit zu profitieren. Und darum wiederholt jede neue Generation die Irrtümer der vorangegangenen. Das gilt für Individuen genauso wie für Gemeinschaften. Wer will schon wirklich Lehren aus der Geschichte ziehen?

Ein Licht ist euch gegeben, es erhellt euren Weg. Entschließt euch voranzuschreiten. Jesus sagte: »Noch eine kleine Zeit ist das Licht unter euch; wandelt, während ihr das Licht habt, damit nicht Finsternis euch ergreife« (Jh 12,35). Dieses Licht, von dem Jesus spricht, ist natürlich nicht das Licht des Tages im Gegensatz zur Dunkelheit der Nacht; es steht für die guten inneren und äußeren Bedingungen, die uns gegeben sind, um voranzuschreiten.

Wenn die Menschen in Schwierigkeiten und Prüfungen stecken, werden sich viele plötzlich ihrer Unwissenheit und ihrer Schwächen bewusst und sagen sich: »Wenn ich gewusst hätte...!« Sie hätten wissen können, denn alle Bedingungen zu lernen, sich zu üben und sich zu stärken, wurden ihnen zu einem bestimmten Zeitpunkt gegeben; aber sie haben diese guten Bedingungen außer Acht gelassen. Das spirituelle Leben erfordert Anstrengungen, doch andere Aktivitäten, andere Beschäftigungen erschienen ihnen in dem Moment wichtiger. »Und ist es jetzt zu spät?« fragt ihr. Nein, es ist niemals zu spät, der Weg des Lebens ist lang, unendlich lang, und andere Bedingungen werden euch in diesem oder einem anderen Dasein gegeben sein. Bemüht euch daher, sie nicht vorübergehen zu lassen, damit ihr euch nicht einmal mehr sagen müsst: »Wenn ich gewusst hätte...!

Anmerkungen

1. Siehe auch Band 207 der Reihe Izvor »Was ist ein geistiger Meister?«, Kap. VII: »Erwartet von einem Meister nur das Licht«.
2. Siehe auch Band 221 der Reihe Izvor »Alchimistische Arbeit und Vollkommenheit«, Kap. VI: »Die Klischees«.
3. Siehe auch Band 213 der Reihe Izvor »Menschliche und göttliche Natur in uns«.
4. Siehe auch Band 241 der Reihe Izvor »Der Stein der Weisen – Von den Evangelien zur Alchimie«, Kap. XI: »Die Regeneration der Materie: das Kreuz und der Tiegel«.
5. Siehe auch Band 235 der Reihe Izvor »Im Geist und in der Wahrheit«, Kap. XVI: »Die Wahrheit der Sonne: Das Geben«.

# Kapitel 2

»Lass deine linke Hand nicht wissen,
was deine rechte tut.« *(Mt 6,3)*

## Teil 1
## Die symbolische Bedeutung von rechts und links

Im dreidimensionalen Raum, in dem wir uns täglich bewegen, haben wir die Möglichkeit, vorwärts und rückwärts zu gehen, nach oben und nach unten, nach rechts und nach links. Das sind sechs Richtungen, die man durch drei Linien darstellen kann, die sich im rechten Winkel kreuzen. Diese sechs Richtungen des Raumes sind in Beziehung zu setzen mit den drei Prinzipien, die dem Menschen zugrunde liegen. Die Richtung von vorne nach hinten ist die des Intellekts; die Richtung von oben nach unten ist die des Herzens; die Richtung von rechts nach links ist die des Willens. Und da der Wille Handlungen hervorbringt, kann man sagen, dass unsere Aktivität sich nach den beiden Seiten hin entfaltet.

Die meisten Traditionen verbinden symbolisch gesehen die rechte Seite mit dem Guten und die linke Seite mit dem Bösen. Wenn man von jemandem sagt, er folge dem linken Weg,* bedeutet das, dass er sich schlecht verhält. Diese Symbolik von der rechten und der linken Seite finden wir in den Worten Jesu wieder: »Wenn du Almosen gibst, lass deine linke Hand nicht wissen, was deine rechte tut.« Die Hände handeln unter dem Einfluss des Willens. Die linke Hand und die rechte Hand sind Ausdruck der menschlichen Aktivität.

Sei es nun vor oder zurück, nach oben oder unten, nach rechts oder links, in Wirklichkeit sind alle Richtungen gut, sofern sie mit Umsicht eingeschlagen werden, und die Gegensätze, die man zwischen ihnen errichtet hat, haben nur eine symbolische Bedeutung. Die symbolische Sprache ist die Mathematik der Ideen, sie fasst in einigen sehr einfachen Prinzipien die vielschichtigsten Wirklichkeiten zusammen.

Was also wollte Jesus sagen, als er empfahl, die linke Hand in Unwissenheit darüber zu lassen, was die rechte Hand tut? Wenn wir diese Worte wörtlich nähmen, würde das bedeuten, dass allein die rechte Hand in ihren Aktivitäten gerechtfertigt wäre. Doch wir können nicht viel tun mit nur einer Hand. Im praktischen Leben sind wir uns bewusst, wie sehr linke und rechte Hand sich ergänzen und in Harmonie zusammenwirken. Der Gebrauch einer einzigen Hand reicht für die meisten Arbeiten nicht aus, und man kann nicht sagen, dass die

* Formulierung aus dem französischen Sprachgebrauch.

rechte Hand wichtiger sei als die linke, auch wenn man ihr in der Erziehung für gewöhnlich den Vorrang gibt. Man glaubte lange Zeit, die linkshändigen Kinder korrigieren zu müssen, indem man sie zwang, mit rechts zu schreiben und zu malen, aber das war ein Irrtum. Die Mehrheit der Menschen bedient sich von Natur aus der rechten Hand, aber das ist kein Grund, die Linkshänder zu behindern.

Gott hat den Menschen mit großer Weisheit geschaffen, und da er ihm zwei Hände gegeben hat, wie hätte Jesus da raten können, sie zu trennen? Sicher, ihr werdet mir entgegnen, die Leute seien nicht so dumm, die Worte Jesu wörtlich zu nehmen. Einverstanden, sie nehmen sie nicht wörtlich, aber wie nehmen sie diese sonst?

Manche haben in den beiden Händen die Versinnbildlichung von Intellekt und Herz gesehen, und sie haben daraus gefolgert, dass sich weder der Intellekt in die Angelegenheiten des Herzens einmischen darf noch das Herz in die Angelegenheiten des Intellekts. Nein, das ist nicht die richtige Interpretation. Das Herz mit seinen Wünschen, seinen Leidenschaften, seinen Launen, kann sich Plänen widersetzen, die weise und vernünftig sind, und der Intellekt muss eingreifen, um das Herz aufzuklären. Und was den Intellekt angeht, so kann er kalt sein, trocken, starr, dann muss auch das Herz sein Wort mitreden, um ihn zu erwärmen, ihn zu besänftigen und versöhnlicher zu stimmen.

In Wirklichkeit repräsentieren diese rechte und diese linke Hand, die Jesus erwähnt, die beiden Naturen des Menschen: seine höhere und seine niedere Natur.[1] Wenn die rechte Hand, die höhere Natur, handeln will, »Almosen geben« will (»Gutes tun« im weitesten Sinne), muss sie umsichtig vorgehen, damit die linke Hand, die niedere Natur, ihr nicht Hindernisse in den Weg legt. Das ist ein strategisches Prinzip: Es ist wohl niemals vorgekommen, dass Generäle überall ihre Schlachtpläne verteilten, die sie gerade vorbereiteten. Die rechte Hand soll nicht nur Intelligenz beweisen, um die besten Pläne auszuarbeiten, sondern sie soll diese auch wachsam vor den Manövern der linken Hand schützen.

Und wenn die linke Hand (die niedere Natur) nicht wissen darf, was die rechte Hand tut (die höhere Natur), muss dagegen die rechte Hand die Pläne der linken Hand kennen, um ihre Fallen zu umgehen. Die niedere Natur ist ständig damit beschäftigt, sich auf zweifelhafte Dinge einzulassen, was die höhere Natur dazu zwingt, beständig wach zu bleiben, um zu beobachten, was geschieht und bei Bedarf einzugreifen, um wieder Ordnung herzustellen. Das, was sich oberhalb befindet, muss wissen, was darunter geschieht. Ein Verantwortlicher muss wissen, was die ihm Untergebenen tun. Ebenso ist es notwendig, dass die Eltern ein wachsames Auge auf ihre Kinder haben, denn wenn sie ihrer Wachsamkeit entgehen, können sie alle möglichen Dummheiten anstellen, Unfälle erleiden und so weiter.

Erforscht genau die Beziehungen, die in euch die niedere Natur und die höhere Natur unterhalten. Ihr fasst gute Entschlüsse, ihr sagt euch, dass es an der Zeit ist, bestimmte Gewohnheiten zu ändern, ihr fasst den Plan, jemandem zu helfen? Dann wisst, dass eure niedere Natur da ist und alles beobachtet und sie euch mit Einflüsterungen und Verlockungen davon abzubringen versucht. Oder aber sie wartet geduldig darauf, sich zu revanchieren. Aber ja, was glaubt ihr denn? Die niedere Natur, das ist ein ganzes Volk, das in euch wohnt, und dieses Volk, wie alle Völker dieser Erde, besteht nicht nur aus ehrenwerten, edlen, großzügigen Geschöpfen; es gibt da genauso boshafte Wesen, die versuchen, sich durch euer Herz und durch euren Intellekt auszudrücken.

Somit ist klar, dass die rechte und die linke Hand nicht den Intellekt und das Herz repräsentieren, sondern die höhere und die niedere Natur, die sich jeweils durch die eine oder die andere manifestieren. Sobald die höhere Natur in euch Pläne schmiedet, darf die niedere Natur darüber nicht Bescheid wissen. Versucht, sie einzuschläfern oder profitiert von den Momenten, wo sie schlummert und nichts hört, sonst wird sie sich gegen diese guten Pläne wenden und mit allen Mitteln deren Verwirklichung zu verhindern suchen. Sie wird euch zuflüstern: »Es eilt überhaupt nicht... Du hast Zeit... Du könntest doch deine Ruhe genießen...! Warum machst du es dir so schwer?« Und auf diese Weise habt ihr, wenn der Moment gekommen ist, nicht mehr denselben Schwung und dieselbe Überzeugung, und ihr gebt diese Pläne auf.

Man kann sehr katholisch, sehr protestantisch oder sehr orthodox sein und die Evangelien lesen, ohne etwas davon zu verstehen, denn um sie zu verstehen, braucht man ein spezielles Wissen.[2] Solange man nicht tiefer in die Wissenschaft der Symbole eingedrungen ist, geht man an den grundlegenden Wahrheiten vorbei, und wozu dient es dann, dass Jesus diese Wahrheiten gelehrt hat? Wenn ihr die Evangelien verstehen wollt, dann tragt den Interpretationen Rechnung, die ich euch gebe und die keine persönlichen Interpretationen sind: Ich beziehe mich nur auf die ewige Sprache der Symbole. In dieser ewigen Sprache der Symbole haben Rechts und Links eine Bedeutung, die weit über die beiden Hände hinausgeht.

Wie viele dieser Symbole finden sich auch in den Volksmärchen wieder! In diesen Märchen kann die niedere Natur insbesondere durch einen Drachen verkörpert sein. Oft lebt dieser Drache in den Gewölben eines Schlosses, wo er über Truhen voller Gold und Edelsteine wacht. Der König des Landes hat versprochen, die Hand seiner Tochter dem Ritter zu geben, dem es gelänge, sich dieser Schätze zu bemächtigen. Alle, die es wagen, sich dem Drachen entgegenzustellen, sterben an Vergiftung durch seinen verpesteten Atem. Schließlich kommt eines

Tages ein außergewöhnlich edler und reiner Ritter, dem von einem Weisen die Mittel gegeben wurden, sich zu schützen und den Drachen zu überwinden. Es gelingt ihm, ihn zu überwältigen. Er durcheilt dann die Gewölbe des Schlosses, wo er die Körper der anderen Ritter entdeckt, die plötzlich wieder lebendig werden. Dann bemächtigt er sich der Schätze und bringt sie zum König, der ihm, getreu seinem Versprechen, seine Tochter gibt.

Diese Geschichte ist schon auf mannigfaltige Art und Weise erzählt worden! In Wirklichkeit ist es die Geschichte von jedem von uns, von jedem von euch. Ihr lebt in einem physischen Körper, dem Schloss, und in seinem Inneren beraubt ein Drache – eure niedere Natur, eure primitiven Instinkte – euch der Nutzung eurer Schätze: eurer Eigenschaften, eurer Tugenden. Jeden Tag mobilisiert ihr Kräfte, Ritter, um sie seinen Klauen zu entreißen. Für lange Zeit ist es der Drache, der den Sieg davon trägt, und ihr glaubt, dass ihr einen reinen Verlustkampf geführt habt. Aber ganz und gar nicht! Da ihr in den Wahrheiten der spirituellen Wissenschaft unterrichtet seid und sie in der Praxis anwendet, werdet ihr eines Tages siegreich sein; und all diese Kräfte, die ihr eingesetzt habt und die ihr verschlungen und verloren glaubtet, sie werdet ihr wiederfinden. An dem Tag, an dem ihr den Sieg davontragt, werden sie euch zurückgegeben, und ihr werdet eure Hochzeit mit der Prinzessin, eurer Seele feiern.

Den Drachen findet man nicht nur in den Märchen, er wird auch in der Apokalypse erwähnt.[3] Er ist derjenige, den Erzengel Michael (Off 12,7-9) bekämpft, derjenige, der »das Wasser gegen die Frau spritzt« (Off 12,15-18); und »das Tier, das aus der Erde steigt, sowie das Tier, das aus dem Meer steigt« (Off 13,1-18) sind ebenfalls Aspekte von ihm. Aber welche Formen man ihm auch zuschreibt, der Drache repräsentiert immer die niedere Natur, die man beherrschen lernen muss. Damit das gelingt, hört auf die Empfehlungen der Weisen und der Eingeweihten. Solange ihr den Drachen nicht beherrscht, wird er sich von euren Kräften nähren. Deshalb fühlt ihr euch oft schwach, ohne Energie, mutlos; und ich spreche nicht nur von einem Mangel an physischer Energie und von physischer Müdigkeit, sondern von der Unfähigkeit, auf mentale, spirituelle Weise den Schwierigkeiten des Lebens zu begegnen.

Ihr könnt nichts wirklich Großes im Leben vollbringen, solange der Drache ohne euer Wissen all eure Energien verschlingt. Aber an dem Tag, an dem ihr den Sieg erringt, werden euch auf einen Schlag all eure Kräfte zurückgegeben, und es wird euch auch die Macht gegeben, sie für euch zu nutzen, indem ihr diese umwandelt.[4]

Der Schöpfer will, dass der Mensch sich mit seinen beiden Naturen entfaltet, der niederen und der höheren Natur, denn sie ergänzen einander, wie Geist und Materie einander ergänzen. Und genau das ist die Lehre Christi: wie die niedere Natur nutzen, um zu Gott aufzusteigen. Aber was hat die Kirche gemacht? Anstatt die Menschen über diese Wahrheit zu unterrichten und ihnen Methoden zur Umsetzung an die Hand zu geben, hat sie hauptsächlich eine Philosophie und Moral verbreitet, die auf Abscheu und Verdammung der Instinkte gründet. Aus diesem Grunde haben die Christen noch viel zu lernen und zu verstehen.[5]

Wenn ein Sportler einen Wettkampf gewinnt, werden ihm zugleich Ehre, Wertschätzung und Reichtum zuteil; lauter Vorteile, die ihm entgehen, wenn er besiegt wird. Ein einziger Sieg kann über die ganze Abfolge der Ereignisse entscheiden. Zu diesem Sieg über sich selbst ist jeder von euch aufgerufen, und dann wird er all die Reichtümer wiederfinden, das heißt alle Gaben und Tugenden, die er tief in sich verborgen besitzt.

Den Drachen besiegen ist ein sehr schwieriges Unterfangen. Dieser innere Feind belauscht uns, um zu wissen, was wir vorhaben. Er versucht, uns zuvorzukommen, und wir müssen ihn um jeden Preis daran hindern, unsere Pläne herauszufinden. Wenn wir uns zu sehr in seiner Nähe bewegen, wird er sich uns immerzu in den Weg stellen. Und darum müssen wir uns so hoch erheben, dass er uns nicht erreichen kann. Er kann unsere Absichten durchschauen, aber es ist möglich, ihn zu täuschen, indem wir ohne sein Wissen einen Bund mit dem Himmel schließen.

Beginnt daher in der Stille und im Geheimen zu arbeiten. Sicher, der Drache wird schließlich spüren, dass sich Veränderungen anbahnen, er wird nervös, unruhig, er gerät in Erregung und fragt sich, was ihr gegen ihn im Schilde führt, und er wird euch alle möglichen Argumente präsentieren, um euch so weit zu bringen, dass ihr herabsteigt. Hört nicht auf ihn, sondern verdoppelt eure Anstrengungen, steigt trotz allem weiter auf, der Sieg hängt davon ab.

Durch Gebet und Meditation schließt ihr nicht nur einen Pakt mit dem Himmel gegen den Drachen, sondern betretet Regionen, in denen ihr in den Besitz von Waffen gelangt, mit denen ihr ihn beherrschen könnt. Im Geheimen organisiert ihr einen umfassenden Widerstand. Dazu bekommt ihr Munition, ja, sogar Fallschirme für den Tag, an dem ihr wieder herabsteigen sollt, um das Gebiet zu besetzen!

Und jetzt noch eine andere Anwendungsmöglichkeit des Gebots aus dem Evangelium. Wenn ihr einen Plan schmiedet, wenn ihr gut vorbereitet und gut bewaffnet sein wollt, dann kündigt ihn nicht vorher an. Führt ihn aus und ihr werdet später genug Zeit haben, um ihn zu präsentieren und zu kommentieren. Weshalb nun diese Vorsichtsmaßnahmen? Weil um euch herum und ebenso in eurem Inneren unsichtbare Wesen existieren, die bereit sind, sich euch in den Weg zu stellen, indem sie sich der Mitglieder eurer Familie bedienen, eurer Freunde, eurer Arbeitskollegen, eurer Nachbarn; und dann werdet ihr großen Schwierigkeiten begegnen, oder sogar ganz einfach scheitern. Ohne von denen zu sprechen, die euch in scheinbar bester Absicht entmutigen werden, indem sie einwenden: »Aber glauben Sie wirklich, dass sich das lohnt...? Warum machen Sie es sich so schwer...? Sollten Sie nicht lieber...?«

Wenn Staatsbeamte, Minister und so weiter dem Land dienliche Entschlüsse zu fassen haben, wäre es besser, sie würden sie nicht vorzeitig offenlegen. Warum? Weil es immer einige Leute gibt, die in mehr oder weniger guter Absicht versuchen werden, ihnen Knüppel zwischen die Beine zu werfen. Sie sind verpflichtet, ihr Programm anzukündigen, die Gesetze vor dem Parlament darzulegen, damit sie diskutiert werden und über sie abgestimmt wird. Das ist normal, sicher, aber es bringt auch Nachteile mit sich.

Was euch angeht, wartet so lange ihr könnt, so dass eure Pläne wenigstens ein Anfangsstadium der Verwirklichung erreicht haben, bevor ihr darüber sprecht. Wenn sie erst einmal Form angenommen haben, wird es wie bei einem gut angewurzelten Baum sein, dem die Winde nichts mehr anhaben können. Und dieser Baum wird Früchte tragen, die ihr in eurer Umgebung verteilen könnt.

Wer Übles vorhat, spürt instinktiv, dass er sich verstecken muss, um nicht erwischt und verurteilt zu werden. Und wenn man etwas Gutes tun will, glaubt man, man könne sich offen zeigen! Manche Menschen stellen sich sogar aus Eitelkeit zur Schau, und so lösen sie Gegenkräfte aus, stacheln zu Böswilligkeit und Eifersucht an. Ihr wollt jemandem etwas anbieten? Seid auch da vorsichtig, vielleicht wäre es besser, wenn es dabei keine Zeugen gäbe. Und manchmal wäre es sogar günstiger, wenn derjenige, dem ihr Gutes tut, nicht weiß, wem er es zu verdanken hat, denn eure Geste könnte bei ihm unerwartete Reaktionen auslösen. In den menschlichen Beziehungen zieht man nie die komplizierten Beziehungen genügend in Betracht, welche die niedere Natur mit der höheren Natur unterhält.

Zeigt euch auch in eurem spirituellen Leben bedachtsam und zurückhaltend. Arbeitet lange Zeit, um eure Überzeugungen und Bestrebungen zu festigen. Wenn ihr gleich überall herumerzählt, dass ihr endlich den Weg des Lichts gefunden habt, dass ihr entschlossen seid, diesem Weg zu folgen und so weiter, erschafft ihr euch nur selbst Hindernisse und ruft Widerstände hervor. Manche werden bestrebt sein, euch auf einfache Art zu beweisen, dass ihr den falschen Weg einschlagt, dass ihr ein naiver Idealist seid oder Ähnliches. Und wenn eure Überzeugungen noch nicht genügend gefestigt sind, überzeugt ihr die anderen nicht vom Gegenteil, sondern ihr kapituliert vor ihnen. Solange eure Bestrebungen noch nicht ausreichend konkret geworden sind, dürft ihr sie nicht offenlegen, sondern solltet sie sorgfältig bewahren, über sie wachen, sie mit euren besten Gedanken und Gefühlen nähren.

Türen und Fenster gibt es deshalb, weil es von Nutzen ist, dass man sie öffnen, aber auch schließen kann. Man schließt sie im Allgemeinen, um sich vor Kälte, Lärm, Staub oder Eindringlingen zu schützen. Ebenso muss man im spirituellen Leben wissen, wie man bestimmte Türen und Fenster schließen soll, wenn man sich schützen will. Auch hier zeigt sich die Bedeutung des Rates Jesu: »Lass deine linke Hand nicht wissen, was deine rechte tut.«

Ihr habt alle eine tief in eurer Seele verborgene Quelle. Habt ihr sie eines Tages entdeckt, so zeigt sie nicht her, haltet sie vor Blicken geschützt, aus Furcht, dass unaufmerksame, rüde oder übelgesinnte Leute sie beschmutzen könnten. Wenn ihr dieses hervorsprudelnde Wasser zu schützen wisst, werdet ihr nicht nur selbst nie mehr Durst leiden, sondern werdet alle Geschöpfe in eurer Umgebung tränken können.

Anmerkungen

1. Siehe auch Band 213 der Reihe Izvor »Die menschliche und göttliche Natur«.
2. Siehe auch Band 241 der Reihe Izvor »Der Stein der Weisen – Von den Evangelien zur Alchimie«, Kap. I: »Über die Deutung der Schriften: 1. »Der Buchstabe tötet und der Geist belebt«.
3. Siehe auch Band 230 der Reihe Izvor »Die himmlische Stadt«, Kap. X: »Die Frau und der Drache«, Kap. XI: »Erzengel Michael streckt den Drachen nieder«, Kap. XII: »Der Drache speit Wasser auf die Frau«, Kap. XIII: »Das Tier, das aus dem Meer emporsteigt, und das Tier, das aus der Erde emporsteigt«, Kap. XV: »Der für tausend Jahre gefesselte Drache«.
4. Siehe auch Band 5 der Reihe Gesamtwerke »Die Kräfte des Lebens«, Kap. IV: »Der Kampf mit dem Drachen«.
5. Siehe auch Band 15 der Reihe Gesamtwerke »Liebe und Sexualität«, Kap. VIII: »Materialismus, Idealismus und Sexualität«.

## Teil 2
## Die beiden Hände Gottes

Die Rechte und die Linke – der Gegensatz, den man üblicherweise zwischen ihnen auf moralischer Ebene herstellt, hat nur symbolischen Wert, wie ich euch bereits gesagt habe. Dennoch ist es gut, dies bei bestimmten Gesten des täglichen Lebens zu berücksichtigen. Warum? Weil es jedes Mal die Gelegenheit bietet, eine psychische Arbeit zu verrichten. Wenn ihr jemanden begrüßt und ihm die Hand gebt, reicht ihr ihm die rechte Hand; auch wenn ihr aus der Entfernung grüßen müsst, solltet ihr es ebenfalls besser mit der rechten Hand tun; und vergesst in beiden Fällen nicht, etwas Gutes in euren Gruß zu legen. Und wenn ihr einen Gegenstand überreicht, nehmt ihn auch besser in die rechte Hand, und tut es bewusst, indem ihr eure Geste mit einem guten Gedanken begleitet.[1]

Eine Hand ist nicht bloß ein Teil des Körpers. Eine Hand dehnt sich in die feinstofflichen Ebenen aus, wo sie nicht nur Kraftströme auffangen, sondern auch Kraftströme aussenden kann. Ihr werdet es spüren, wenn ihr euch angewöhnt, bestimmte Übungen zu machen. Hier stelle ich euch eine sehr einfache vor, die ihr machen könnt, wenn ihr allein seid, und vorzugsweise vor der Mittagszeit. Streckt euren rechten Arm aus und verlängert eure Hand in Gedanken so weit wie möglich, in dem Bewusstsein, dass eure Finger gleich Antennen sind, die Energien auffangen. Wenn ihr anschließend eure Hand auf den Solarplexus legt, werdet ihr spüren, wie er mit wohltuender Wärme erfüllt wird.

In Wahrheit sind jedoch all die Übungen, die ihr mit der Hand machen könnt, nur dann wirksam, wenn ihr gelernt habt, an ihr zu arbeiten, um sie lebendig zu machen. Und eine Hand wird lebendig, wenn wir sie selbstlosen Handlungen weihen, wenn wir lernen, Gegenstände und Wesen dazu zu berühren, dass wir ihnen Reinheit, Liebe und Licht übermitteln. Und dann spielt es keine Rolle, ob wir abgenutzte, unförmige Hände haben: Es wird von ihnen etwas derart Warmes, Strahlendes ausgehen, dass alle es spüren und sie als Segen spendende Quelle betrachten.

Ich habe oft die Hände der Menschen betrachtet, denen ich begegnet bin, und ich habe gespürt, wie viele feine, hübsche und parfümierte Hände manchmal etwas Wollüstiges, Abstoßendes ausströmen können. Andere Hände hingegen, ungepflegt, mit schlecht geschnittenen Nägeln, scheinen von all dem durchdrungen zu sein, was die Person an Gutem in ihrem Kopf und in ihrem Herzen nährt, so dass man Lust hat sie zu drücken, ja sogar zu küssen.

Bis heute gibt es den Brauch, die rechte Hand von großen Würdenträgern der Kirche zu küssen: von Bischöfen, Kardinälen und Päpsten. Das wird so gemacht, meint man, weil man ihnen Respekt zollen will. Ja, aber dieses Zeichen des Respekts gründet auf dem Wissen um die machtvolle Wirkung der Hand. Diese Menschen, die sich dem spirituellen Leben geweiht haben, werden als Übermittler des himmlischen Segens betrachtet. Ich weiß, ihr werdet einwenden, dass sich viele sehr wohl mit anderen Dingen befassen, aber das ist im Augenblick nicht das Thema. Es gilt zu verstehen, dass die Hände von Menschen, die lange mit Liebe und Weisheit gearbeitet haben, wirklich in Verbindung mit den kosmischen Mächten stehen.

Manche Statuen stellen Buddha dar, wie er seine rechte Hand betrachtet. Aber schaut er sie nur an? Während Buddha sich auf seine Hand konzentriert, tritt er in Wirklichkeit mit der großen Hand des Schöpfers in Verbindung, das heißt, mit dem ganzen Universum, mit den Sonnen, den Sternen, den kosmischen Nebeln. In dieser Hand des Schöpfers repräsentiert die Milchstrasse die Saturnlinie.

Buddha konzentriert sich auf seine Hand, weil die Hand nicht allein ein physisches Organ ist, das wir wie irgendein Werkzeug oder Instrument benutzen, nein, sie ist von einer fluidalen Materie durchdrungen, dank derer sie mit den feinstofflichen Körpern der Natur kommuniziert. Wie Buddha, kann derjenige, der sich auf seine Hand konzentriert, in Beziehung zum Universum treten. Er fühlt sich selbst in der Hand des Schöpfers, von den Energien genährt, die er vom Zentrum dieser Hand empfängt.

Aber kommen wir auf die beiden Hände zurück, die rechte und die linke Hand. Selbst wenn im täglichen Leben die symbolische Dimension der Rechten anerkannt wird, kann man nicht die Tatsache leugnen, dass jede Kultur und Zivilisation das Werk beider Hände ist. Die rechte und die linke Hand sind aufeinander abgestimmt, sie harmonieren miteinander und ergänzen sich, wobei jede nur einen Aspekt der Einheit darstellt. Es ist unmöglich, sich eine Hand unabhängig von der anderen vorzustellen, denn sie sind polarisiert: Die rechte Hand besitzt die männliche Polarität und die linke Hand besitzt die weibliche Polarität. Darum hat man sie oft in Verbindung mit der Sonne (rechte Hand) und mit dem Mond (linke Hand) gebracht, die beide ihren Einfluss auf uns ausüben. Durch die beiden Hände senden das männliche und das weibliche Prinzip Strömungen aus, um gemeinsam heilen, unterstützen, retten, wiedergutmachen, erhellen zu können.

Warum hat man dann die Rechte mit dem Guten und die Linke mit dem Bösen in Verbindung gebracht? Als ich euch die Frage von Gut und Böse darlegte, erklärte ich euch, dass sich beide wie zwei im Universum wirkende Kräfte manifestieren.[2] Diese beiden Kräfte unterstehen der Autorität Gottes, der allerhöchsten Wesenheit; es sind Seine beiden Hände. Diese Vorstellung ist im Sephirotbaum zu erkennen: Es gibt dort die rechte Säule, die Barmherzigkeit, und die linke Säule, die Strenge. Zwischen den beiden erhebt sich die Säule des Gleichgewichts bis zum Gipfel, wo sich die erste Sephira befindet: Kether, die Krone.[3]

Diejenigen, die nur daran denken, ihren Ehrgeiz, ihre Leidenschaften und all ihre niederen Instinkte zu befriedigen, reihen sich selbst auf den linken Pfad ein, und sie setzen sich den Züchtigungen durch die Mächte der Strenge aus. Es ist nicht ein schrecklicher Gott, ein rächender Gott, der sie straft, nein, sie selbst setzen sich der Strenge der kosmischen Gesetze aus.[4] Diejenigen hingegen, die den Weg des Lichts wählen, reihen sich ganz von selbst auf dem rechten Pfad ein, der Barmherzigkeit, und ziehen nur Segnungen auf sich.

Da das Böse existiert, hat es auch eine Rolle im großen kosmischen Körper zu spielen. Wir Menschen wissen nicht, aus welchem Grund es existiert, wir stellen nur fest, dass eine höhere Intelligenz sich seiner bedient und es an seinen Plänen teilhaben lässt, und auf diese Weise trägt es zur Evolution der Geschöpfe bei.

In der Natur stehen die Gegensätze nur dem Anschein nach im Widerstreit, sie schließen einander niemals aus. Sicher, man muss zunächst die beiden Hände als zwei getrennte Wesenheiten darstellen, als entgegengesetzt, ja manchmal sogar feindselig; aber danach sollte man erkennen können, dass sie in der Arbeit untrennbar verbunden sind. Gleich unserem physischen Körper, wo sich im Gehirn und im Rückenmark Zentren befinden, die scheinbar gegensätzliche Aktivitäten und Prozesse koordinieren.

Aus philosophischer, metaphysischer Sicht lösen sich daher die von der Dualität gestellten Fragen durch die Einheit, durch diese Einheit, die im Kern die Essenz Gottes ist. Wenn es aber um die Welt der Moral geht, müssen wir langsam, mit Vorsicht auf dem Pfad der Einheit voranschreiten, um nicht alles durcheinanderzuwerfen. Viele so genannte Spiritualisten bringen dieses Durcheinander zustande. Weil sie gelesen oder gehört haben, dass weder Gut noch Böse existieren, weder Rein noch Unrein, weder Schön noch Hässlich, stürzen sie sich in gefährliche Hirngespinste und geben vor, in vollkommener Unschuld zu handeln, wo sie doch dabei sind, kriminelle Handlungen zu begehen.

In der Welt der Manifestation wird man immer erleben, wie sich das Gute und das Böse bekämpfen. Aber wie verhält es sich tatsächlich damit? Nur mithilfe der Analogie können wir dies verstehen.

Nehmt einmal an, ihr würdet einem Theaterstück zusehen: Da steht auf der Bühne eine ehrgeizige, eifersüchtige Person, die es nicht erträgt, dass ein anderer die Stellung, die sie selbst begehrt, durch seine Eigenschaften erlangt hat, oder die Frau, die er zu verführen erhoffte. Eines Tages setzt die Person alles daran, den anderen zu provozieren, und er tötet ihn. Natürlich könnte man da empört und entrüstet sein. Aber nach der Vorstellung geht ihr noch in eine Bar nebenan etwas trinken, weil ihr Durst habt. Und dort, welch eine Überraschung, sitzen der Mörder und das Opfer, diese beiden unbeugsamen Feinde, Seite an Seite und plaudern vergnügt beim Essen und Trinken. Wenn ihr sie immer noch als Gegner sehen wollt, müsst ihr im Theatersaal bleiben. Aber sobald ihr euch hinter die Kulissen wagt oder das Theater verlasst, werdet ihr eine vollkommen andere Realität kennen lernen.

Dem Anschein nach sind auch das Gute und das Böse unbeugsame Gegner, aber wenn ihr bis in die Kulissen dieses Theaters, des kosmischen Lebens, vordringen könntet, würdet ihr sehen, dass sie Diener einer höheren Macht sind. Diese Macht lenkt sie, im Hinblick auf ferne Ziele, die wir nicht kennen.

An der Spitze der Schöpfung existiert also ein Wesen, das zwei gegensätzliche Naturströmungen nutzt und dabei deren Gleichgewicht aufrechterhält.[5] Auch wir, die wir über einen sehr viel engeren Bereich verfügen, sollten auf die gleiche Weise handeln; das heißt, ohne Unterlass die beiden Seiten anpassen und für ihr Gleichgewicht sorgen. Seht, wie ein Autofahrer das Steuer seines Autos hält: einmal ein wenig mehr nach rechts, dann wieder mehr nach links. Die beiden

Hände sind unaufhörlich in Aktion, und beide ergänzen sich gegenseitig. Auf diese Weise kommen Auto und Fahrer gut an ihrem Ziel an.

So wie die rechte und die linke Hand Instrumente eines einzigen Gehirns sind, so sind auch Gut und Böse aus ein- und derselben Quelle hervorgegangen. Deshalb kann man sagen, sie sind die beiden Hände Gottes. Eines Tages, je nach dem Stand unserer Entwicklung, wird es uns gelingen, diese einzigartige Quelle zu entdecken. Im Augenblick leben wir noch in der Dualität und sollten immer die Worte Jesu im Geist bewahren: »Lass deine linke Hand nicht wissen, was deine rechte tut«, damit wir alles vermeiden, was uns vom rechten Weg abbringen könnte.

Anmerkungen

1. Siehe auch Band 226 der Reihe Izvor »Das Buch der göttlichen Magie«, Kap. XII: »Die Hand«.
2. Siehe auch Band 210 der Reihe Izvor »Die Antwort auf das Böse«, Kap. II: »Das Gute und das Böse – Zwei Kräfte, die das Rad des Lebens drehen«.
3. Siehe auch Band 236 der Reihe Izvor »Weisheit aus der Kabbala«, Kap. II: »Darstellung des Lebensbaumes« und Kap. V: »Die Sephiroth der Mittelsäule«.
4. Siehe auch Band 236 der Reihe Izvor »Weisheit aus der Kabbala«, Kap. XV: »Binah«.
5. Siehe auch Band 237 der Reihe Izvor »Das kosmische Gleichgewicht«, Kap. V: »Gott steht über dem Guten und dem Bösen«.

# KAPITEL 3

## Programm für den Tag und Programm für die Ewigkeit

Manche Kinder sprechen schon in jungen Jahren davon, was sie später einmal tun wollen, und dann machen sie, erwachsen geworden, oft etwas ganz anderes. Aber da diese Aktivität nicht unbedingt ihrem Temperament oder ihrer Bestimmung entspricht, kämpfen sie jahrelang, um die Verwirklichung dieses Programms, das sie sich auferlegt haben, und sie scheitern. Es ist nicht schwer, sich ein Programm zu verordnen; schwierig ist, sich daran zu halten. Und manchmal gelingt es sogar, es zu verwirklichen, aber die Anstrengungen und Opfer, die man dafür aufbringen musste, stehen in keinem Verhältnis zum erzielten Erfolg.

Man kann auch gar kein Programm haben, aber da besteht die Gefahr, Spielball der Umstände zu werden. Es ist immer besser, sich ein Ziel zu setzen, um seinen Aktivitäten eine Richtung zu geben. Eigentlich sollte man nur die Extreme vermeiden: überhaupt kein Programm und ein zu strenges Programm sind gleichermaßen gefährlich. Die Lösung dieses Problems findet sich in den Worten Jesu: »So seid nun nicht besorgt um den morgigen Tag! Denn der morgige Tag wird für sich selbst sorgen. Es ist genug, dass jeder Tag seine eigene Plage hat« (Mt 6,34). Sich nicht um den morgigen Tag sorgen... Jesus spricht hier von einem Programm für einen einzigen Tag. Warum?

Ein Leben teilt sich auf in Jahre von jeweils zwölf Monaten, und die Monate zählen zwischen achtundzwanzig und einunddreißig Tage; jeder Tag zählt vierundzwanzig Stunden, eine Stunde sechzig Minuten und eine Minute sechzig Sekunden. All diese Zeiteinheiten sind ineinander verschachtelt, sie stehen miteinander in Verbindung und gehen nahtlos ineinander über. Es genügt daher, die Aktivitäten eines einzigen Tages korrekt zu organisieren, damit die ganze Kette, Glied um Glied, harmonisch abläuft.

Wie viele Männer und Frauen stecken das Kapital ihres Herzens, ihrer Vitalität, ganz zu schweigen von ihrem Vermögen, in Unternehmungen, ohne dass ein Erfolg absehbar ist; und wie groß ist die Enttäuschung, wenn man dann entdeckt, wie sehr die Ergebnisse von den Erwartungen abweichen! Ihr sagt, es sei immer verlockend, in die Zukunft zu planen... Ja, aber es gibt eine bessere Methode. Welche? Konzentriert eure Aufmerksamkeit und eure Energien auf das Heute, auf diese Weise bereitet ihr den morgigen und alle folgenden Tage vor. Dann werdet ihr Tag für Tag langsam aber sicher, ohne euch dessen wirklich bewusst zu sein, das Programm verwirklichen, das die Herren des Schicksals in euch hineingeschrieben haben. Im Augenblick könnt ihr keine klare Vorstellung davon haben, aber wenn ihr nach Jahren zurückblickt, um alles, was ihr gelebt habt zu betrachten, wird die Marschroute, der Plan für euch klar ersichtlich sein.

Wenn ihr einen Zitronen-, Apfel- oder Melonenkern in die Erde legt, sagt ihr dann zu ihm: »Hör mir gut zu. Ich gebe dir jetzt dein Programm: Du sollst ein Zitronenbaum, ein Apfelbaum oder eine Melonenpflanze werden, wenn nicht, wirst du bestraft«? Nein, der Kern trägt bereits ein Programm in sich; einmal in die Erde gelegt, genügt es, ihn zu bewässern, ihn vor Hitze, Kälte und Insekten zu schützen, damit er dieses Programm verwirklicht und zu dem wird, was Gott für ihn vorgesehen hat. Er beginnt damit, zunächst die Wurzeln zu entwickeln; er kümmert sich nicht um den Stamm, die Äste, die Blätter oder um Blüten oder Früchte: Er wird sie später hervorbringen.

Der Baum kennt sein Programm, er denkt nicht fortwährend an morgen, er arbeitet heute, er gräbt sich in die Erde und Tag für Tag erarbeitet er seine Struktur. Wenn ein Element am richtigen Platz ist, geht er zur nächsten Phase über, er verwirklicht jeden Tag das Programm, das ihm sein gegenwärtiger Entwicklungsgrad diktiert, ohne sich zu fragen, was er in einem oder in hundert Jahren zu tun haben wird.

Warum spreche ich zu euch über den Baum? Weil auch der Mensch ein Same ist, der sein Programm hat. Und er ist nur deshalb noch nicht fähig, es zu erkennen, weil er nicht aufhört, sich ständig selbst Programme zu schaffen, die nur seinen Blick verdunkeln und ihn von seinem Weg abbringen. Er muss sich innerlich frei und verfügbar halten, um das Schema zu entdecken, das tief in seiner Seele verankert ist.

Was lehrt uns die Natur noch hinsichtlich dieses Programms? Die Erde dreht sich in vierundzwanzig Stunden einmal um sich selbst, was ungefähr zwölf Stunden Helligkeit und zwölf Stunden Dunkelheit nach sich zieht. Die Umlaufzeit des Mondes um die Erde beträgt achtundzwanzig Tage, in denen er zu- und wieder abnimmt. Und was die Sonne betrifft, sie »durchläuft« die zwölf Zeichen des Tierkreises in einem Jahr. Diese drei Zyklen, der Erde, des Mondes und der Sonne, sind diejenigen, die am direktesten unser Leben beeinflussen, aber es gibt noch viele andere. Indem die Eingeweihten diese kosmischen Zyklen studierten, fanden sie heraus, dass es verschiedene Programme gibt: für einen Tag, für einen Monat, für ein Jahr, für ein Jahrhundert... und für die Ewigkeit, wenn es um den Menschen geht.

Das Programm einer kleinen Eichel besteht darin, die Größe, die Schönheit, die Festigkeit und die majestätische Gestalt des Baumes zu erreichen, von dem sie stammt. So wie die Eichel, so soll der

Mensch eines Tages wie sein himmlischer Vater werden, das ist sein Programm. Er muss es nicht erst erstellen, es ist von Anfang an in ihm festgeschrieben. Das ist sein Programm für die Ewigkeit, und es bestimmt die Hauptlinie, die Ausrichtung. Aber um es erfolgreich durchzuführen, muss er zunächst das Programm des Tages erfüllen.

Eine Uhr ist für uns die vertrauteste Darstellung der Zeit. Sie besitzt drei Zeiger: den sehr langsamen Stundenzeiger, den etwas schnelleren Minutenzeiger und den noch schnelleren Sekundenzeiger. In gewisser Weise funktionieren auch wir mit mehreren Zeigern, und der langsamste zeigt uns das grandiose Programm der Ewigkeit: die göttliche Vollkommenheit zu verwirklichen. Andere, schnellere Zeiger entsprechen dem, was wir in kürzeren Zeiträumen zu tun haben. Aber hier auf der Erde hat der Zeiger für die Tage die größte Bedeutung. Von seinem richtigen Funktionieren hängt das der anderen Zeiger ab.

Stellt euch jetzt vor, ihr würdet eine Furche ziehen, und in dieser Furche Wasser fließen lassen. Diese Furche, das ist die Weisheit, die euch die richtige Richtung aufzeigt, den einzuschlagenden Weg; und das Wasser ist die Liebe, die euch auf diesem Weg trägt.[1] Jeder Tag, an dem ihr in der Weisheit und in der Liebe lebt, bereitet den folgenden vor, an dem ihr leichter voranschreiten werdet. Das Heute folgt dem Gestern und anschließend folgt das Morgen, darauf die Monate, die Jahre und das ganze Leben. Und ein Leben zieht die Spur für die zukünftigen Inkarnationen. Auf diese Weise verwirklicht ihr, Leben auf Leben, das Programm des langsamsten Zeigers: die göttliche Vollkommenheit zu erreichen.

Zu Beginn spürt ihr natürlich, dass ihr keine Macht über einen ganzen Tag, ja nicht einmal über eine Stunde habt, sondern nur über die gegenwärtige Minute. Nun gut, dann bemüht euch wenigstens für eine Minute, Klarheit, Frieden und Liebe in euch herzustellen. Diese Minute wird die folgende beeinflussen, und so werdet ihr dann Minute für Minute den ganzen Tag in der Harmonie leben.

»Nach den Gesetzen der Weisheit und den Methoden der Liebe arbeiten, das ist das Programm«, sagte Meister Danov. Die Weisheit zeigt uns das Ideal, dem wir zustreben sollen, und dieses grandiose Programm wird uns für ewig beschäftigen. Um dieses Programm zu verwirklichen, müssen wir die Methoden der Liebe annehmen, indem wir jede Minute mit viel Aufmerksamkeit leben. Auf diese Weise werden wir die beiden Programme in Einklang bringen können: dasjenige des Tages und dasjenige der Ewigkeit.

Ich gebe euch noch ein Bild. Man kann sagen, dass in jedem Menschen eine Mühle existiert, die das Korn mahlen muss. Das Korn mahlen, das ist das Programm, und die Weizensäcke stehen wohlgefüllt da. Aber damit sich das Mühlrad zu drehen beginnt, und sich das Korn in Mehl verwandelt, muss man Wasser fließen lassen. Das Wasser, das ist der Strom der Liebe, den das Herz ohne Unterlass aussendet, der Intellekt hingegen gibt die Ausrichtung, das Ziel vor. Die Liebe muss unaufhörlich fließen und dem Intellekt die Energie geben, um weiterzumahlen.

Es gibt Gesetze und es gibt Methoden. Die Gesetze stellen die Fixpunkte dar, nach denen wir uns richten müssen, und die Methoden sind unsere Werkzeuge. Jede Aktivität macht die Anwendung von Methoden und Werkzeugen erforderlich, und die Gesetze weisen uns die einzuschlagende Richtung, die zu erreichende Bestimmung. Darum sagt Meister Peter Danov, dass man lernen muss, mit den Gesetzen der Weisheit und den Methoden der Liebe zu arbeiten. Die Methoden der Liebe ermöglichen es uns, die großartigen Ziele der Weisheit zu verwirklichen. Diejenigen irren sich, die glauben, sie könnten die Liebe vernachlässigen und dennoch zur Weisheit gelangen: sie werden vertrocknen und zu Staub zerfallen.

Die Methoden der Liebe sind zahlreich. Zum einen gibt es diejenigen, die uns den Austausch mit der gesamten Natur ermöglichen, wie die Atmung[2], die Ernährung[3], die Betrachtung des Sonnenaufgangs und so weiter[4]... zum anderen den Austausch mit den Menschen, indem wir Güte, Großzügigkeit, Geduld zum Ausdruck bringen[5]... und dann ist da noch der Austausch mit der göttlichen Welt durch Meditation[6] und Gebet [7].

Die Menschen können nur deshalb jeden Tag nicht auf die rechte Weise leben, weil ihre Aufmerksamkeit auf unklare und weit entfernte Programme konzentriert ist. Sobald sie ihre Aufmerksamkeit auf das Programm des Tages, ihre Bedürfnisse und ihre Verpflichtungen richten, wird alles für sie klar. Im Augenblick sehen und hören sie noch nicht, was sie zu tun haben, ihre Augen und ihre Ohren sind noch mit so viel anderen Dingen beschäftigt!

Bemüht euch daher, das Heute auf die rechte Weise zu leben, dann lässt sich morgen alles in Harmonie regeln. Ihr befürchtet, wenn ihr euch um das Heute kümmert, eure weit entfernt liegenden Ziele aus den Augen zu verlieren? Habt keine Angst. Wenn ihr einen Weg entlanggeht, schaut ihr auch nicht ständig auf eure Füße, weil ihr meint, sonst die Richtung zu verlieren, und ihr blickt auch nicht fortwährend in die Ferne, denn dann würdet ihr riskieren, über ein Hindernis zu stolpern oder in ein Loch zu fallen. Genau diese Methode solltet ihr auch in eurem spirituellen Leben anwenden. Da ihr wisst, wie Gehen auf der physischen Ebene funktioniert, solltet ihr es auch auf der spirituellen Ebene können. Achtet auf eure Füße, das heißt, schenkt all eurem Tun im Tagesverlauf Aufmerksamkeit, das ist ausschlaggebend; und lenkt auch euren Blick auf euer Ideal, die göttliche Vollkommenheit, um nachzuprüfen, ob ihr nicht vom rechten Weg abgekommen seid.

Gefahren bedrohen immer diejenigen, die nur eines von beiden Dingen tun: auf ihre Füße starren oder in die Ferne blicken. Man muss die Gesetze in seinem Kopf haben und die Methoden in seinen Füßen; anders ausgedrückt: mit Hilfe der Weisheit seine Ausrichtung auf das Ideal prüfen, und jeden Tag sein Herz dazu benutzen, auf dem Weg voranzuschreiten. Liebe und Weisheit, das sind Herz und Intellekt, Ehefrau und Ehemann. Ihr wollt unverheiratet bleiben? Das ist nur auf der physischen Ebene erlaubt; auf der spirituellen Ebene muss jeder Mann und Frau in sich haben. Der Intellekt ohne das Herz, die Gesetze ohne die Methoden, das sind getrennt lebende Ehepartner.

Die Evangelien berichten von einer Begegnung, die Jesus bei einem Brunnen mit einer Samariterin hatte. Jesus sagte zu ihr: »Wer aber von dem Wasser trinken wird, das ich ihm geben werde, den wird nicht dürsten in Ewigkeit; sondern das Wasser, das ich ihm geben werde, das wird in ihm eine Quelle des Wassers werden, das ins ewige Leben quillt. Die Frau spricht zu ihm: Herr, gib mir dieses Wasser, damit mich nicht dürste und ich nicht hierherkomme, um zu schöpfen. Jesus spricht zu ihr: Geh hin, rufe deinen Mann und komm hierher! Die Frau antwortete und sprach zu ihm: Ich habe keinen Mann. Jesus spricht zu ihr: Du hast recht gesagt: Ich habe keinen Mann; denn fünf Männer hast du gehabt, und der, den du jetzt hast, ist nicht dein Mann; hierin hast du wahr geredet« (Jh 4,14).

Worin liegt die Bedeutung dieser Episode? Jesus sagt zu der Frau, dass derjenige, der das Wasser trinken wird, das er ihm gebe, niemals mehr dürsten wird. Und als die Frau ihn bat, ihr von diesem Wasser zu geben, forderte er sie auf, ihren Mann zu holen. Was für eine Beziehung gibt es zwischen den beiden? Dieses Wasser, von dem Jesus spricht, ist eben kein gewöhnliches Wasser, es ist das Symbol des ewigen Lebens; doch um das ewige Leben zu haben, müssen die beiden Prinzipien Männlich und Weiblich, Intellekt und Herz, Geist und Seele, zusammenarbeiten. Weder das männliche Prinzip allein noch das weibliche Prinzip allein kann das ewige Leben haben. Innerlich braucht es beide.[8] Ihr seid unverheiratet? Achtet darauf, dass in euch die beiden Prinzipien, männlich und weiblich, gut miteinander auskommen. Die Geschichte sagt nicht, was die Samariterin von Jesu Worten verstanden hat. Zweifellos nicht sehr viel, aber haben viele andere seither mehr verstanden?

Angenommen, ein junger Mann will Ingenieur werden. Er muss gezwungenermaßen ein Studienprogramm akzeptieren, und wenn er wirklich für diesen Beruf geschaffen ist, werden diese Studien zur Verwirklichung des Programms, das er in sich trägt, beitragen. Leider werden viele Männer und Frauen unter dem Einfluss aller möglichen äußeren Zwänge, aber auch von persönlichem Ehrgeiz getrieben, dazu verführt, Berufe zu wählen, die ihre spirituelle Entwicklung keineswegs begünstigen.

Es ist unmöglich, den von der Familie und der Gesellschaft auferlegten Zwängen zu entgehen, aber bemüht euch, so sehr ihr könnt, in Übereinstimmung mit den in eurer Seele festgeschriebenen Gesetzen zu leben. Bei der Arbeit, von der ich zu euch spreche, handelt es sich um spirituelle Arbeit und das Programm, das ich vor euch ausbreite, ist das, welches Jesus schon vor zweitausend Jahren vorgegeben hat: »Darum sollt ihr vollkommen sein wie euer Vater im Himmel vollkommen ist« (Mt 5,48).[9] Sich jeden Tag noch mehr der Vollkommenheit des himmlischen Vaters zu nähern, das ist das alleinige, einzigartige Programm, das für die ganze menschliche Gattung gültig ist. Wie kann man dieses Programm erfüllen? Indem man sich jeden Morgen, beim Erwachen, das Programm des Tages vorgibt.

Das Programm des Tages, werden viele sagen, das kennen sie schon lange: aufstehen, sich waschen, sich anziehen, sich um die Kinder oder die Eltern kümmern, zur Arbeit gehen, Mahlzeiten zubereiten, das Haus instand halten, Einkäufe machen, den einen oder anderen treffen... Nein, von diesem Programm ist nicht die Rede, und darüber bräuchte ich euch auch gar nichts zu erzählen, diese Aktivitäten sind euch auferlegt, wie sie auf gewisse Weise bereits den Tieren auferlegt sind. Auch sie stehen auf und legen sich schlafen, auch sie säubern sich, bauen sich einen Unterschlupf, suchen nach Nahrung, ziehen ihre Jungen groß, treffen sich; und sie haben sogar gewisse Formen des Soziallebens. Das Programm, von dem ich euch hier erzähle, betrifft einzig euer Innenleben, und dieses Programm wird während des Schlafes vorbereitet.

Aber von wie vielen Leuten wird Schlafen immer noch einzig als physiologische Funktion angesehen! Sie sind müde und schlafen ein. Genauso wie sie essen, weil sie Hunger haben, ohne sich bewusst zu werden, dass der Schlaf, ebenso wie die Ernährung und all die anderen physiologischen Funktionen, auf einem höheren Niveau als der physischen Ebene gelebt werden können. Ihr werdet es bestätigen, wenn ihr euch angewöhnt, euch im Augenblick des Einschlafens vorzubereiten, indem ihr sagt: »Herr, während meines Schlafes möchte ich lernen. Nimm mich auf in Deiner Schule der Liebe, der Weisheit und der Wahrheit, damit ich lerne, meinem Leben einen immer tieferen Sinn zu verleihen.«

Am nächsten Morgen, beim Erwachen, öffnet bewusst die Augen und beginnt euren inneren Zustand, die Gedanken und Gefühle, die in euch auftauchen, einige Minuten lang zu analysieren. Ihr werdet entdecken, dass ihr eine Lösung für ein Problem bekommen habt, Klarheit über eine Frage, die euch beschäftigt. Steht nicht Hals über Kopf auf, ohne zuvor diese Prüfung durchgeführt zu haben. Es geschieht in der Nacht, während des Schlafes, dass wir uns in der unsichtbaren Welt kundig machen. Und auch wenn ihr keine präzise Erinnerung bewahrt von dem, was ihr gelernt habt, werdet ihr spüren, dass eurem Verständnis der Dinge neue Elemente hinzugefügt wurden.

Jeder Tag ist ein neues Leben: Jeden Morgen werden wir in die Welt geboren, jeden Abend verlassen wir die Welt, und es ist wichtig, diesen Augenblick richtig zu leben, denn er bereitet die Bedingungen vor für den folgenden Tag. Wie immer der Tag für euch auch verlaufen mag, bemüht euch, im Augenblick des Einschlafens alles zu vertreiben, was euer Bewusstsein verdunkeln könnte. Ruft die besten Gedanken und die besten Gefühle herbei, damit sie euch auf dieser heiligen Reise, die ihr in die andere Welt unternehmt, begleiten.[10] Am nächsten Morgen werdet ihr mit einem Gefühl von Licht, Frieden und Freude in den neuen Tag hineingehen.

Anmerkungen

1. Siehe auch Band 234 der Reihe Izvor »Die Wahrheit, Frucht der Weisheit und der Liebe«, Kap. III: »Die Weisheit und die Liebe oder Licht und Wärme«, Kap. VI: »Ich bin der Weg, die Wahrheit und das Leben«.
2. Siehe auch Band 303 der Reihe Broschüren »Die Atmung – Spirituelle Dimension und praktische Anwendungen«.
3. Siehe auch Band 204 der Reihe Izvor »Yoga der Ernährung«, Kap. XI: »Das Gesetz vom Austausch«.
4. Siehe auch Band 323 der Reihe Broschüren »Meditation beim Sonnenaufgang«.
5. Siehe auch Band 242 der Reihe Izvor »Unerschöpfliche Quellen der Freude«, Kap. XII: »Die ungeahnten Schätze der Geduld«.
6. Siehe auch Band 302 der Reihe Broschüren »Die Meditation«.
7. Siehe auch Band 305 der Reihe Broschüren »Das Gebet«.
8. Siehe auch Band 237 der Reihe Izvor »Das kosmische Gleichgewicht – Die Zahl 2«, Kap. IV: »Der jeweilige Platz des Männlichen und des Weiblichen« und Kap. XVIII: »Die Verschmelzung mit der universellen Seele und dem kosmischen Geist«.
9. Siehe auch Band 215 der Reihe Izvor »Die wahre Lehre Christi«, Kap. III: »Seid vollkommen wie euer Vater im Himmel vollkommen ist«.
10. Siehe auch Band 228 der Reihe Izvor »Einblick in die unsichtbare Welt«, Kap. XVI: »Die Reisen der Seele im Schlaf«.

## Kapitel 4

# »Seid nicht besorgt um den morgigen Tag«

All euer Tun sollte von Frieden und Harmonie geprägt sein, damit ihr bereit seid für das Programm des folgenden Tages; darauf solltet ihr jeden Tag achten. Denn ihr wisst nicht genau, worin dieses Programm bestehen wird. »Aber ja, werdet ihr sagen, wir kennen nur allzu gut die Tätigkeiten, die uns erwarten, die zu erfüllenden Aufgaben.« Sicher, aber das ist in gewisser Weise nur der Rahmen eurer Aktivitäten; innerhalb dieses Rahmens könnt ihr sehr, sehr vielen verschiedenen Situationen begegnen! Selbst wenn ihr nur euren Aktivitäten des Vortages zu folgen habt, so läuft keine unter identischen Bedingungen ab. Wie viele Dinge können sich von einem zum anderen Tag ändern! Ob bei der Arbeit, in der Familie oder in der Gesellschaft, man muss sich immer wieder anpassen.

Das Dasein befindet sich in ständiger Bewegung. Wenn man nicht bereit ist, erlebt man sofort Überraschungen! Und die Auswirkungen von Situationen, mit denen wir nicht gerechnet haben, die kennen wir: Unsicherheit, Aufregung, Verwirrung. Jeder Tag bringt neue Probleme, die es zu lösen gilt. Wie soll euch das gelingen, wenn ihr euch nicht darüber im Klaren seid, was ihr am vorangegangenen Tag erlebt habt? Ihr könnt euch des folgenden Tages nur sicher sein, wenn ihr heute die Grundlagen eures psychischen Lebens festigen konntet. Die Art und Weise, wie ihr die äußeren Ereignisse spüren werdet, hängt nur von euch ab, von eurer Fähigkeit, eure innere Welt zu organisieren. Genau diese Organisation wird sich in eurer Wahrnehmung der Dinge widerspiegeln: Wenn der folgende Tag anbricht, werden die Ereignisse euch bereit und entschlossen vorfinden.

Jesus sagte: »So seid denn nicht besorgt um den morgigen Tag! Denn der morgige Tag wird für sich selbst sorgen. Es ist genug, dass jeder Tag seine eigene Plage hat.« Und er führt als Beispiel die Vögel am Himmel und die Lilien auf dem Felde an: »Seht hin auf die Vögel des Himmels, dass sie weder säen noch ernten noch in Scheunen sammeln, und euer himmlischer Vater ernährt sie doch. [...] Betrachtet die Lilien des Feldes, wie sie wachsen; sie mühen sich nicht, auch spinnen sie nicht. Ich sage euch aber, dass selbst nicht Salomo in all seiner Herrlichkeit bekleidet war wie eine von diesen« (Mt 6,26-29).

Unter dem Vorwand, den Ratschlägen Jesu zu folgen, fand sich manch einer im Elend wieder, als Last für die anderen. Die Lilien auf dem Felde und die Vögel am Himmel... In den Evangelien benutzt Jesus oft Bilder aus der Natur, aber es sind eben

Bilder und man muss sie interpretieren. Niemals könnte ein Mensch wie eine Pflanze oder ein Tier leben. Damit, dass Jesus die Vögel am Himmel »die nicht in Scheunen sammeln« und die Lilien auf dem Felde »die sich nicht mühen und auch nicht spinnen« erwähnt, will er die Menschen vor ihren materialistischen Neigungen warnen (Reichtümer anhäufen, sich übertrieben um ihr Äußeres sorgen), denn um diese Neigungen zufrieden zu stellen, sind sie zu Aktivitäten gezwungen, die ihnen ihre Zeit und ihre Energie rauben.

Diese Worte Jesu hätten sich manche Kirchen besser zu Herzen nehmen sollen, anstatt so viele Reichtümer anzuhäufen und den Messen solch einen Glanz zu verleihen. Als Jesus die Apostel aussandte, das Reich Gottes zu predigen, sagte er zu ihnen: »Nehmt nichts mit auf den Weg als allein einen Stab, kein Brot, keine Tasche, kein Geld im Gürtel und nicht zwei Hemden« (Mk 6,8-9). Selbst wenn es natürlich unmöglich ist, diese Empfehlungen wörtlich zu nehmen, sollten diejenigen, die sich die Aufgabe gestellt hatten, die Botschaft des Evangeliums zu verbreiten, nicht als Vorbild dienen?

Wenn er dazu rät, sich um den folgenden Tag keine Sorgen zu machen, predigt Jesus keineswegs Sorglosigkeit. Im Gegenteil, er legt den Schwerpunkt auf das Bewusstsein, die Achtsamkeit, die uns helfen, heute richtig zu leben. »Es ist genug, dass jeder Tag seine eigene Plage hat.« Man muss sich also mit der »Plage« auseinandersetzen, denn der morgige Tag wird nicht ganz von alleine ablaufen, und es ist unklug, ihn auf sich zukommen zu lassen, ohne etwas vorzubereiten. Der morgige Tag wird nur durch unser heutiges Verhalten sicher sein. Sich nicht um das Morgen sorgen setzt voraus, dass wir uns um das Heute sorgen. Es ist das Heute, das unsere ganze Aufmerksamkeit erfordert, all unsere Sorgfalt. Wie viele Leute vergessen die Gegenwart, um nur an die Zukunft zu denken! Da sie dabei sind, die Gegenwart zu leben, meinen sie, sich wegen ihr doch nicht so sehr den Kopf zerbrechen zu müssen. Von wegen! Genau das sollten sie tun!

Sich nicht um den morgigen Tag sorgen erfordert, dass wir uns auf das Heute konzentrieren. Da das Morgen noch nicht existiert, wäre es so, als würden wir uns ins Leere stürzen, und wir würden uns verlieren. Wir müssen am Heute arbeiten, denn das Heute stirbt nicht, es verlängert sich nur, und indem es sich verlängert, wird es zum Morgen. Wenn ihr ans Ende dessen gelangt seid, was ihr als Heute bezeichnet, dann sagt ihr, das ist das Morgen. Das Morgen war zuerst das Heute, und das Heute wird zum Morgen. Aber das Morgen, das hat noch nie jemand gesehen, auch nicht gekostet oder berührt, es existiert nur in der Theorie, es ist eine Abstraktion. In dem Moment, wo ihr es berührt, nennt ihr es nicht mehr das Morgen, sondern das Heute.

Die Zukunft ist eine Projektion, die Vergangenheit ist eine Erinnerung, allein die Gegenwart ist die wahre Zeit unseres Lebens. Wer sich um das Morgen sorgt, vergisst, in der Gegenwart zu leben, und er wird niemals wissen, wie diese Gegenwart zu einer ewigen Gegenwart werden kann. Indem er sich in die Zukunft projiziert, die nicht existiert, stirbt er für die ewige Gegenwart.

So viele Männer und Frauen flüchten in die Zukunft, weil sie die Gegenwart nicht ertragen können! Aber sie gewinnen dabei nichts, denn früher oder später werden sie gezwungen sein, sich dem Offensichtlichen zu stellen: Diese Zukunft, die sie sich vorstellten, hatte kein solides Fundament, sie entdecken nur Leere und Angst. Mögen sie sich entschließen, heute zu leben, wo sie so viele Dinge zu kosten, zu sehen, zu schätzen, zu denken haben! Aber um den gegenwärtigen Moment zu leben, müssen sie lernen, innezuhalten, eine Pause zu machen, sich nicht mehr von der Aufeinanderfolge der Ereignisse forttragen zu lassen, und von den inneren Zuständen, die diese Ereignisse in ihnen auslösen.

Sicher, das Leben ist nichts als ein ununterbrochener Fluss, aber man muss das Mittel finden, innezuhalten, um ein wenig für Ordnung in sich zu sorgen, um sich auf harmonischere Rhythmen einzuschwingen. Und eben dazu ist die Meditation so notwendig. Meditieren bedeutet, den beschleunigten Zeitablauf zu verlangsamen, um in sich zu einem Rhythmus zu finden, der erfüllt ist von Frieden und Licht, die lange ihre Spuren hinterlassen werden.[1]

Da erwacht ein Mann am Morgen: Er springt aus dem Bett und beeilt sich mit dem Waschen und Ankleiden und nimmt sein Frühstück ein, beziehungsweise schlingt es oftmals hinunter und denkt dabei an all das, was ihn im Laufe des Tages erwartet. Er hört nicht, was ihm seine Frau und seine Kinder sagen, und erst wenn er in seinem Auto, im Zug oder in der U-Bahn sitzt, denkt er an seine Familie, die er soeben verließ, und so weiter. Und der ganze Tag geht auf diese Weise vorüber: Er ist niemals bei dem, was er gerade tut. Wenn er zuhause ist, denkt er an die Arbeit, und wenn er bei der Arbeit ist, denkt er an zuhause. In dieser Hast und Eile vergisst er etwas Wichtiges, begeht Irrtümer, äußert unklug gewählte Worte, die er wird berichtigen müssen. Indem er sich in die Zukunft versetzt, wird er daher in Wirklichkeit von der Vergangenheit zurückgehalten; und wenn der folgende Tag sein Programm bereithält, ist er nicht frei, es zu verwirklichen: Er ist noch damit beschäftigt, die Irrtümer des gestrigen Tages zu korrigieren – oder des vorgestrigen...[2]

Wie viele Leute sind ständig angetrieben, ohne richtig zu wissen wohin sie gehen! Sie bemeistern nichts, sie lassen sich treiben, mitreißen, sie sehen weder eine Ordnung, noch eine klare Richtung.

Was klar ist, das sind ihre Wünsche, Wünsche, die sie nur beständig in die Zukunft versetzen; ihr ganzes Wesen ist auf die Befriedigung dieser Wünsche ausgerichtet. Sie fragen sich nicht, was die Mittel wert sind, die sie dazu anwenden; daher all die Irrtümer und Fehler! Aber wenn man sich schlecht verhält, zerstört diese Gegenwart, die sich in die Zukunft fortsetzt, sogar das, was man in einer anderen Gegenwart, die sich jetzt Vergangenheit nennt, an Gutem aufgebaut hat.

Was nun die Vergangenheit angeht, sie stirbt nicht, jeder trägt sie fortwährend in sich, mit allem, was sie enthält, auch zerstörerische Samenkörner. In der Seele desjenigen, der sich bemüht, jetzt etwas Gutes aufzubauen, entsteht ein Kampf zwischen der Vergangenheit und der Gegenwart. Die beiden bestehen nebeneinander und tragen abwechselnd den Sieg davon. Darum bemerken wir so viele Widersprüche in der Verhaltensweise der Menschen. Und wie viele sind oft verwirrt, wenn sie in sich dieses Nebeneinander des Guten und des Bösen feststellen!

»So seid denn nicht besorgt um den morgigen Tag! Denn der morgige Tag wird für sich selbst sorgen.« Dieser Ausspruch Jesu legt uns nahe, über die Vorstellung von Kontinuität zu meditieren. Wer eine Kette herstellt, muss auf die Festigkeit jedes Kettengliedes achten, denn wenn ein einziges Glied schwach ist und reißt, nützt es nichts, dass alle anderen gut halten: Das Ganze ist gerissen. Wir müssen daher jeden Tag nach den göttlichen Gesetzen leben, um aus diesem Tag ein solides Kettenglied zu machen, damit die Kette nicht reißt. Das Heute ist ein neues Kettenglied, das sich den anderen hinzufügen muss, und auf genau dieses Kettenglied müssen wir uns konzentrieren.

Anmerkungen

1. Siehe auch Band 302 der Reihe Broschüren »Die Meditation«.
2. Siehe auch Band 202 der Reihe Izvor »Der Mensch erobert sein Schicksal«.

## Kapitel 5

## Allein die Gegenwart gehört uns

Sagt euch jeden Morgen beim Erwachen, dass nichts wichtiger ist, als heute richtig zu leben. In gewisser Weise ist die Vergangenheit immer lebendig, sie wirkt noch auf eure Gegenwart, aber ihr seid nicht gezwungen, ihr die Macht zu überlassen. Der Gegenwart müsst ihr die Macht geben, damit sie die Vergangenheit beherrscht, ja sogar überwältigt, um sie zu verwandeln. Als die Vergangenheit Gegenwart war, war sie allmächtig. Jetzt, da sie die Vergangenheit ist, ist sie der Gegenwart untergeordnet, und es ist die Gegenwart, die ein Wort mitzureden hat. Die Vergangenheit ist vorbei und die Zukunft steht vor der Tür. Der Gegenwart muss man seinen Willen aufzwingen, um die Vergangenheit zu verwandeln und der Zukunft die Richtung zu weisen. Wenn die Zukunft zur Gegenwart wird, wird sie ihrerseits allmächtig sein. Für den Augenblick ist sie der Gegenwart unterworfen, und wenn die Gegenwart Fehler aufweist, kündigt sich auch die Zukunft mit Fehlern an.

Die Gegenwart ist das Privileg Gottes. Gott lebt in der ewigen Gegenwart. Der Gegenwart hat Er alle Macht gegeben. Dadurch, dass ihr das wisst, solltet ihr euch sagen: »Auch wir verfügen heute über das Heute. Die Vergangenheit ist gewesen, und die Zukunft ist noch nicht da. Allein die Gegenwart gehört uns. Also, an die Arbeit!« Aber was tut die Mehrheit der Menschen? Sie sinnen über die Vergangenheit nach, sie erträumen die Zukunft, und der Gegenwart gegenüber sind sie abwesend, sie lassen sie verstreichen, da sie nicht wissen, wie sie diese leben sollen; also versucht die arme Gegenwart so gut sie kann zurechtzukommen, das heißt: schlecht.

Die Vergangenheit ist meist Gegenstand des Bedauerns, der Gewissensbisse: Man bedauert die guten alten Zeiten, oder aber man wirft sich die Irrtümer vor, die Wahl, die man getroffen hat, die Entscheidungen, die man gefällt hat. Und wenn man nicht weiß, wie man in der Gegenwart handeln soll, welch eine Zukunft kann man dann erwarten? Obwohl wir hoffen, dass sie glücklich, besser sein wird, machen wir uns Sorgen: Was wird geschehen?

Und es wird solange so weitergehen, bis wir gelernt haben, wie wir das Morgen auf der soliden Grundlage des Heute gründen können.

Die Zukunft enthält immer einen großen Anteil an Unsicherheit, das ist wahr. Alles kann geschehen. Daher haben wir in Voraussicht der Unfälle des Lebens etwas geschaffen, das sich »Versicherungen« nennt. Das ist nichts Schlechtes, aber die Versicherungen haben bei den Leuten dazu geführt, dass sie glauben, alles versichern zu können, woran ihnen liegt. Daher ist es ja nicht schlimm, wenn sie unaufmerksam, unvorsichtig sind, es gibt ja Versicherungen! Und während sie ihr Haus, ihr Auto, ihre Juwelen und manche sogar ihre Beine oder Hände versichern, vergessen sie, ihre wertvollsten Qualitäten weiterzuentwickeln, wie Achtsamkeit, Aufmerksamkeit, Sinn für Verantwortung und all das, was den Reichtum ihrer Seele und ihres Geistes ausmacht. Aber dessen sind sie sich nicht bewusst. Deshalb erteilt man ihnen Lektionen, denn auf der Erde ist nichts jemals in Sicherheit. Keine Versicherung wird ihnen das ersetzen können, was sie verlieren, wenn sie schwach, nachlässig und träge bleiben.

Alles kann im Leben geschehen, das Schlimmste ebenso wie das Beste. Es ist daher unnütz, seine Zeit und seine Energien dafür zu verschwenden, sich alle möglichen Unfälle vorzustellen und die Mittel, sich davor zu schützen. Auf welche Weise sich die Ereignisse auch präsentieren werden, die einzige Art, Lösungen für die Zukunft zu finden, ist, auf bestmögliche Weise seine heutige Arbeit zu verrichten.

Um die Bedeutung des gegenwärtigen Tages zu verinnerlichen, müssen wir so tun, als sei er der letzte. Manche werden sagen, dass es schrecklich sei, auf diese Weise ständig den Gedanken an den Tod im Kopf zu haben. Aber nein! Jeden Tag so zu leben, als sei er der letzte, drängt uns nicht auf die Seite des Todes, sondern im Gegenteil auf die Seite des Lebens. Vielmehr marschiert derjenige in Richtung Tod, der sich mit Oberflächlichkeit und Sorglosigkeit durchs Leben bewegt und weiterhin eine bessere Zukunft erhofft. Ja, er vergeudet sein Leben. Wenn die Weisen uns nahelegen, jeden Tag zu leben, als sei er der letzte, dann tun sie das darum, damit wir uns bemühen, aus dem Heute etwas Nützlicheres, Schöneres, Wertvolleres zu machen... etwas Einzigartiges! Ihr glaubt nicht wirklich, dass es der letzte Tag sein wird, ihr bedient euch nur einer pädagogischen Methode.

Die Vergangenheit ist euch entronnen und noch habt ihr die Zukunft nicht. Daher ist allein die Gegenwart euer, sie befindet sich zwischen euren Händen wie eine zu formende Urmaterie. Ihr habt eine Minute, eine Stunde, einen Tag... diese Minute, diese Stunde, dieser Tag, sie gehören euch.

Und selbst angenommen, ihr hättet nicht mehr als vierundzwanzig Stunden zu leben: In diesen vierundzwanzig Stunden könnt ihr eine ganze Umdrehung machen. Was für eine Umdrehung? Dieselbe, welche die Erde in einem Jahr um die Sonne macht. In dieser Umdrehung könnt ihr alles regeln und im Besonderen eure Beziehungen mit eurer Familie, euren Freunden, mit Gott. Ihr könnt eure Fehler erkennen, versuchen, sie wiedergutzumachen und diejenigen um Verzeihung bitten, die ihr geschädigt oder verletzt habt. Wenn keine

Dunkelheit mehr herrscht, wenn ihr den Raum zwischen euch und dem Schöpfer freigeräumt habt, wenn ihr euch bereit fühlt, in Seine Gegenwart einzutreten, nur dann könnt ihr sagen, dass auch die Zukunft euch gehört.

Sicher, selbst wenn ihr heute makellos lebt, werden eure Irrtümer aus der Vergangenheit noch Auswirkungen auf eure Zukunft haben. Wenn ihr daher auf Schwierigkeiten und Hindernisse trefft, solltet ihr wissen, woher sie kommen, unterliegt keiner Täuschung. Sagt nicht wie manch einer: »Ich habe mit Selbstlosigkeit, Geduld und Güte gehandelt, und das habe ich jetzt davon!« Aber ja, es ist schon erstaunlich, wie die Leute bereit sind, in ihren Prüfungen eher die Folgen ihrer guten Taten zu sehen, als die Folgen ihrer Irrtümer, die sie ebenso begangen haben!

Eure Zukunft, das ist die Freude, das Licht. Und lasst euch nicht von denen beeinflussen, die nur Schwierigkeiten und Unglück vorhersagen, weil sie nicht wissen, was die wahre Zukunft ist und wie man sie erschafft. Das Unglück, das ist die Vergangenheit und nicht die Zukunft. Um sich zu zeigen, wartet die Zukunft, das heißt eure wahre Zukunft als Söhne und Töchter Gottes, darauf, dass die Vergangenheit ausgelöscht ist, aber das bedeutet nicht, dass die Zukunft nicht unterwegs ist. In Wirklichkeit ist sie lebendig, ist sie bereits da: Ihr seid dabei, sie zu erschaffen.

Was ist dann die Gegenwart? Das Mittel, die Vergangenheit umzuwandeln und die Zukunft zu erschaffen. Nur in der Gegenwart haben wir die Möglichkeiten, die Irrtümer der Vergangenheit richtigzustellen, um eine lichtvolle Zukunft zu erschaffen. Wer sich nicht bemüht, die Gegenwart zu nutzen, wer sie der Vergangenheit identisch belässt, wird die Fehler der Vergangenheit nicht bereinigen können und wird weiterhin in Dunkelheit und Leid leben.

Da ist also noch die Gegenwart... stürzt euch auf die Gegenwart, um mit der alten Vergangenheit Schluss zu machen und eure Zukunft zu erschaffen. Wenn ihr euch jetzt dazu entschließt, daran zu arbeiten, wird diese großartige Zukunft, der ihr zustrebt, zu eurer Gegenwart. Wenn ihr jedoch immer die notwendigen Anstrengungen in die Zukunft hinausschiebt, wird eure Zukunft niemals beginnen, ihr werdet in der ewigen Vergangenheit sein. Solange eure Gegenwart identisch mit der Vergangenheit bleibt, ist eure Zukunft nichts als die Verlängerung der Vergangenheit, die Verstärkung der Vergangenheit. Für den, der verbohrt und träge ist, verewigt sich die Vergangenheit, seine Zukunft bleibt die Vergangenheit. Ist die Gegenwart jedoch bewusst, arbeitet sie an der Vergangenheit und wird bereits zur Zukunft.[1]

Damit die Gegenwart bewusst ist, müsst wenigstens ihr selbst bei dem, was ihr tut gegenwärtig sein, und ganz besonders, wenn ihr betet, meditiert oder am Morgen den Sonnenaufgang betrachtet. Nehmt euch ein Beispiel an den Männern und Frauen, die eine große Liebe erleben: Wenn sie zusammen sind, sind sie fähig, alles zu vergessen: die Arbeit, die Familie, die Freunde, das Vaterland, und sogar die Gefahren, die auf sie lauern. Sie versenken ihren Blick in die Augen des anderen, und wenn sie beschreiben wollen, was sie gesehen haben, sprechen sie nur von Sonnen, Sternen und der Unermesslichkeit.

Wenn ihr euch anschickt zu beten, zu meditieren, den Sonnenaufgang zu betrachten, dann sagt euch: »Ich bin zusammen mit der Reinheit, ich bin mit dem Licht, ich bin mit meinem Geliebten, dem Herrn, ich bin mit meiner Geliebten zusammen, der göttlichen Mutter, nichts anderes darf zählen als dieser Moment, wo ich mit ihnen kommunizieren kann.« Ihr habt danach wieder alle Zeit, eure Arbeit und eure Sorgen wieder aufzunehmen. Legt eure Lasten für einen Moment beiseite, tretet leicht und befreit vor die Gottheit und die Herrlichkeiten der Natur. Auf diese Weise werdet ihr die Lösung für viele eurer inneren Probleme finden, für Lebenslagen, die ihr bis jetzt für unentwirrbar hieltet.[2] Wenn man sehen und verstehen will, muss man da sein, gegenwärtig sein, und um gegenwärtig zu sein, muss man frei sein. Eben diese Freiheit lehren uns die Eingeweihten.

All das, was ihr in der Gegenwart lebt, bereitet die Zukunft vor. Indem ihr darauf achtet, auf welche Weise ihr die Gegenwart lebt, bereitet ihr euch für die besten Begegnungen vor. Wie viele großartige Gelegenheiten bieten sich euch, von denen ihr nicht profitieren könnt, weil ihr euch nicht vorbereitet habt! Das ist auch die Bedeutung von dem Gleichnis von den fünf törichten und den fünf klugen Jungfrauen. Allein die weisen Jungfrauen, die das Öl für ihre Lampen bereitet hatten, wurden vom Bräutigam im Hochzeitssaal empfangen.[3]

Das Öl der Lampe, das die weisen Jungfrauen bereitet hatten, symbolisiert all die inneren Bedingungen, die wir erfüllen müssen, um da zu sein, verfügbar, wach und aktiv in dem Moment, wo wir eine Begegnung haben werden, die unser Leben verwandeln kann: die Begegnung mit einem Wesen, die Begegnung mit der Schönheit, die Begegnung mit einer Wahrheit. Wer sich Aktivitäten oder inneren Zuständen überlässt, die ihn seiner Energien beraubt haben, wird wie eine dieser törichten Jungfrauen sein, die nicht im Hochzeitssaal akzeptiert wurden: Er wird sich innerlich vor einer verschlossenen Tür vorfinden.

Wenn ihr an die Ereignisse eures Lebens zurückdenkt, sagt ihr euch manchmal, dass ihr gute Gelegenheiten habt vorübergehen lassen und ihr bedauert es. Das gilt noch mehr für das innere

Leben. Aber haltet euch nicht zu lange mit dem Bedauern auf. Nachdem ihr die Lektionen aus der Vergangenheit gelernt habt, befreit euch von ihr, und lebt die Gegenwart in vollem Bewusstsein, im Licht, um die Zukunft zu erschaffen.

Anmerkungen

1. Siehe auch Band 243 der Reihe Izvor »Das Lächeln des Weisen«, Kap. II: »Wie ein Hirte über seine Schafe wacht«, Kap. III: »Die Grenzen unserer Seele schützen«.
2. Siehe auch Band 243 der Reihe Izvor »Das Lächeln des Weisen«, Kap. IV: »Die Erwartung, die uns wach hält«.
3. Siehe auch Band 217 der Reihe Izvor »Ein neues Licht auf das Evangelium«, Kap. IX: »Das Gleichnis von den fünf törichten und den fünf klugen Jungfrauen«.

# Kapitel 6

## Bevor die Sonne untergeht

Was gibt es Schrecklicheres für einen Menschen, als sein Ende nahen zu sehen mit dem Gefühl, sein Leben vergeudet zu haben? Er blickt auf seine Vergangenheit zurück und es ist, als würde alles zwischen seinen Fingern zu Staub zerfallen. Selbst diejenigen, von denen man sagt, dass sie ein erfülltes Leben hatten, können am Ende, nach reiflicher Abwägung, dieses Gefühl haben: Sie haben Unternehmen geleitet, manchmal sogar Länder, sie haben die Welt durchreist, sind zahllosen Leuten begegnet und haben sogar ihr Leben völlig verändert, und in dem Moment, in dem sie das alles taten, hatten sie den Eindruck, es sei wichtig und sinnvoll. Und doch empfinden sie jetzt nur ein Gefühl von Sinnlosigkeit und Leere.

Die Waage, auf welcher der Gott Osiris in der ägyptischen Religion oder Erzengel Michael in der christlichen Religion, die Seelen wiegt, um ihr Schicksal im Jenseits zu bestimmen, befindet sich in erster Linie im Menschen. Ja, dieses Abwägen vollzieht sich in erster Linie in uns. Deshalb gelangen so viele Menschen am Ende eines Lebens voller Aktivitäten zu derselben Feststellung wie

König Salomon im Buch »Der Prediger«: »Nichtigkeit der Nichtigkeiten, alles ist Nichtigkeit.«* Hier hat man das hebräische Wort havel mit »Nichtigkeit« übersetzt, was Rauch bedeutet. »Rauch, Rauch, alles ist Rauch.« So hat also dieser König, über den geschrieben steht, sein Ruhm habe bis an die Grenzen der Welt gereicht, letztendlich festgestellt, dass alles Rauch ist.

Aber am Ende des Buches (Der Prediger 12,1) sagt Salomon: »Und denke an deinen Schöpfer in den Tagen deiner Jugendzeit, bevor die Tage des Übels kommen und die Jahre herannahen, von denen du sagen wirst: Ich habe keinen Gefallen an ihnen...« Ja, bereits in jungen Jahren sollte man den Gedanken an den Schöpfer in den Mittelpunkt seines Daseins stellen.

Wenn sie nicht mehr so viel Energie haben, um weiterhin dem Ruhm, der Macht oder dem Vergnügen hinterherzulaufen, wie viele Leute beschließen dann, dass es Zeit ist, vernünftiger zu werden und die Erde ein wenig zu vergessen, um an den Himmel zu denken! Aber wie stellen sie sich das eigentlich vor? Wenn man keine Energien mehr für die Erde hat, hat man auch keine mehr für den Himmel. Ruhig in seiner Ecke zu bleiben, weil man nicht mehr die Kraft für Geschäfte, Intrigen und leidenschaftliche Abenteuer hat, das hat nichts mit Weisheit zu tun, und noch weniger mit Spiritualität.

*Altes Testament: Der Prediger 1,2.

»Und denke an deinen Schöpfer in den Tagen deiner Jugendzeit...« Warum? Damit Er dein Leben lenkt, indem Er Sein Licht und Seine Liebe in dich hineinlegt.[1] Wenn sich die Menschen in ihrer Jugend mit dem Teufel vermählen, dann ist es der Teufel, der sie in ihrem Alter verstößt, weil es nichts mehr bei ihnen zu holen gibt. Sie glauben, sich aus freien Stücken getrennt zu haben, aber ganz und gar nicht, der Teufel hat sie verjagt, er schickt all diese alten Knacker, bei denen nichts mehr zu holen ist, zurück zu Gott. Und was ist das dann für ein Anblick für den Herrn, und vor allem: Was erhält Er da für eine Unterstützung für Seine Arbeit!

Ein Mann gestand mir eines Tages, dass er fürchte, durch einen Unfall zu sterben, ohne sich darauf vorbereiten zu können. Er wünschte sich, seine Tage in seinem Bett beenden zu können, was ihm Zeit gäbe, sich Gott zu nähern. Er war erstaunt, als ich ihm sagte, dass es ein wenig spät sei, sich Gott zuzuwenden, wenn man bereits daniederliegt, um zu sterben. Aber das ist die Mentalität der Menschen: Solange es ihnen gut geht, halten sie es noch für zu früh, an das Wesentliche zu denken, an den Sinn ihres Lebens und an den Schöpfer, der ihnen dieses Leben gegeben hat; es genügt, im letzten Moment daran zu denken. Nein, so ist es leider nicht!

Ihr wendet ein: »Aber wenn wir nun bereits alt sind und unsere Zeit mit nichtigen Beschäftigungen vergeudet haben, ist es dann zu spät?« Nein. Es ist ein wenig spät, sicher, aber es ist nicht zu spät, es ist niemals zu spät. Das Schlimmste wäre, die Zeit, die euch noch zu leben bleibt, mit Bedauern zu verbringen. Es gibt immer ein Mittel, innerlich die Lage wieder in Ordnung zu bringen. Gerade wenn ihr das Empfinden habt, eure Zeit vergeudet zu haben, ist das die Gelegenheit, euch auf euch selbst zu besinnen, auf all die Ereignisse eures Lebens, auf eure Beschäftigungen, auf die Begegnungen, die ihr gehabt habt, um eine Lehre daraus zu ziehen. Ist die Lehre einmal gezogen, setzt all eure Fähigkeiten ein, alles, was euch noch an Liebe, Verstand und Willenskraft bleibt, um eurem Leben diesen Sinn zu geben, den ihr noch nicht gefunden habt.

Der Sinn des Lebens, unser aller Leben, besteht darin, auf der Erde zu sein, ganz in dem Bewusstsein, dass unsere wahren Wurzeln sich oben in der göttlichen Welt befinden; und unsere Aufgabe liegt darin, dieser göttlichen Welt in unseren Gedanken, unseren Gefühlen und in unserem Tun Ausdruck zu verleihen.[2] Selbst wenn es jetzt zu spät ist, um ein neues Leben zu beginnen, kann sich doch jeder wenigstens bemühen, die Erde in einem Geist des Friedens, der Harmonie und der Versöhnung mit allen Wesen und ganz besonders mit Gott zu verlassen. In der christlichen Religion ist das der Sinn der Letzten Ölung.

Die Letzte Ölung, dieses Sakrament, das der Priester dem Sterbenden spendet, gründet auf diesem Wissen, dass der letzte Bewusstseinszustand des Menschen den Weg bestimmt, dem er in der anderen Welt folgen wird, und er spielt auch eine wichtige Rolle für seine nächste Inkarnation, also für seine ferne Zukunft. Dieses Sakrament ist nur eine Möglichkeit, die ihm gegeben ist, um die Erde unter den besten Bedingungen zu verlassen, wie alle Sakramente ist es jedoch nicht unbedingt als Ritus, als Zeremonie erforderlich. Es ist dazu bestimmt, denen zu helfen, die es empfangen, aber jeder kann seine letzten Augenblicke im Licht leben, ohne dieses Sakrament empfangen zu haben.

Leben bedeutet lieben. Und selbst wenn ihr beim Herannahen des Todes nicht mehr fähig seid, irgendetwas zu tun, habt ihr noch die Möglichkeit, Gefühle der Liebe und des Wohlwollens zu empfinden, in Bezug auf die gesamte Schöpfung und die Wesen, die euch umgeben. Wisst, dass derjenige, der liebt, Herr über den Tod ist.

In der Bergpredigt (Mt 5,23-26) sagte Jesus: »Wenn du nun deine Gabe darbringst auf dem Altar und dich dort erinnerst, dass dein Bruder etwas gegen dich hat, so lass deine Gabe dort vor dem Altar und geh vorher hin, versöhne dich mit deinem Bruder, und dann komm und bring deine Gabe dar!

Komm deinem Gegner schnell entgegen, während du mit ihm auf dem Weg bist! Damit nicht etwa der Gegner dich dem Richter überliefert und der Richter dem Diener und du ins Gefängnis geworfen wirst. Wahrlich, ich sage dir: Du wirst nicht von dort herauskommen, bis du auch die letzte Münze bezahlt hast.« Dieser Gedanke wird vom heiligen Paulus in seinem Brief an die Epheser (Eph 4,26) wieder aufgenommen, wenn er sagt: »Die Sonne gehe nicht unter über eurem Zorn.« Bevor man seine Gabe darbringt... solange man auf dem Weg ist... bevor die Sonne untergeht... diese drei Bilder bedeuten: Bevor es zu spät ist.

Der Sonnenuntergang repräsentiert das Ende des Zyklus eines Tages. Aber in der Sprache der Symbole ist ein Tag nicht bloß dieser Zeitraum von vierundzwanzig Stunden, den wir so bezeichnen, er kann auch für einen Monat stehen oder ein Jahr oder ein Leben. Vor dem Sonnenuntergang, das ist der Zeitraum des physischen Lebens; nach dem Sonnenuntergang, das ist der Zeitraum des astralen Lebens. Auf Hebräisch bedeutet das Wort *iam* zugleich »Meer«, aber auch »Westen«, also die Region des Himmels, wo die Sonne untergeht. Die Seele des Menschen, die den Körper verlässt, geht im Westen unter, und sie muss das große Meer überqueren, die Astralebene. Dann reist sie weiter Richtung Osten, wo die Sonne aufgeht, das heißt, sie inkarniert sich aufs Neue.

In dem Moment, in dem wir diese Erde verlassen, müssen wir uns versöhnen, das heißt, mit allen Geschöpfen in Harmonie sein. Und wenn es da noch Menschen gibt, mit denen wir in Konflikt stehen, dürfen wir die Situation nicht so belassen, sondern müssen auch mit ihnen unseren Frieden machen. Sonst wird dies in uns als eine noch zu bezahlende Schuld aufgezeichnet. Ihr wendet ein: »Aber es gibt Personen, die wir nie wiedersehen können und andere, die sich niemals mit uns aussöhnen wollen.« Ja, das ist richtig, aber ihr könnt diese Personen in Gedanken aufsuchen, und in eurem Herzen, in eurer Seele mit ihnen Frieden schließen.[3]

Die aufgehende Sonne markiert den Beginn eines Tages, und wenn ihr zu Beginn des Tages Pläne habt, seid ihr frei, sie zu realisieren oder auch nicht und ebenso, sie abzuändern. Aber wenn die Sonne untergeht, das heißt am Ende des Tages, ist getan, was getan ist, nicht mehr und nicht weniger.

Man kann einen Tag auch mit der Zeitspanne vergleichen, in der eine Frau ihr Kind in ihrem Schoß trägt: Solange sie es trägt, kann sie durch ihre Gedanken, ihre Gefühle und ihre Wünsche auf das Ungeborene einwirken, damit es den Weg des Lichts beschreitet. Und seine Geburt, die alle hier als einen Anfang betrachten, ist in Wirklichkeit das Ergebnis eines Prozesses der Kondensation, der Kristallisation, in gewisser Weise dem Sonnenuntergang vergleichbar.

Die Lebewesen und die Dinge existieren zunächst im feinstofflichen Zustand, ihre Materialisation ist nur das Ergebnis eines Prozesses. Das gilt in allen Bereichen, zum Beispiel auch in dem der Gesundheit. Bevor eine Krankheit sich zeigt, existiert sie bereits im Unsichtbaren als

Unordnung, als Anomalie. Wenn es uns gelingt, ihrer früh genug gewahr zu werden – bevor die Sonne untergeht – können wir sie aufhalten; sonst werden wir sie ertragen müssen, und wie viel Zeit und Mühsal ist oft nötig, um Heilung zu erzielen!

Bevor die Sonne untergeht... Es ist jedem eine genügend lange Frist gegeben, eine bestimmte Anzahl an Jahren; ist diese Zeit aber einmal verstrichen, kommt das Gesetz des Karma für denjenigen zur Anwendung, der nicht daran gedacht hat, seine Irrtümer wiedergutzumachen, seine Schulden zu begleichen oder der nicht gewusst hat, wie er das anstellen soll. Alles ist aufgezeichnet, weil alles eine Einprägung hinterlässt, und eines Tages muss man bezahlen; unmöglich, sich gütlich zu einigen, so wie man sagt: Wenn wir die Angelegenheit nicht vor Sonneuntergang geregelt haben, werden wir bis zum letzten Heller bezahlen müssen.

Die Menschen wissen nicht, dass die Wirrnisse, die sie hervorrufen, sich weit über die Handlungen hinaus erstrecken, zu denen ihre üblen Instinkte sie anregen. Ein Krieg, zum Beispiel, ist an sich schon etwas Schreckliches, aber die Folgen beschränken sich nicht auf die Ruinen oder die Anzahl der zurückbleibenden Leichen. Die Gedanken und Gefühle des Hasses, die zu diesen Massakern geführt haben, nähren im Raum immer noch zerstörerische Strömungen. Diese Strömungen vergiften die psychische Atmosphäre und schüren andere Kriegsherde.

Bemüht euch darum, euch bewusst zu werden, dass eure Gedanken, eure Gefühle und euer Tun nicht nur Konsequenzen in einem bestimmten Moment hervorrufen, an einem bestimmten Ort, sondern dass sie in der unsichtbaren Welt segensreiche oder schädliche Kräfte auslösen, von denen wir nicht wissen, bis wohin oder bis wann sie wirken werden.

Folgende Geschichte soll sich in New York abgespielt haben. Eines Tages stießen zwei Autofahrer zusammen. Beide erkannten ihre Mitverantwortung, denn sie waren zu schnell gefahren, und sie gingen auseinander, indem sie sich herzlich die Hände drückten. Eine gewisse Zeit verging... Dann, eines Tages, erhielten beide zu ihrem großen Erstaunen eine Vorladung vom Gericht. Was war geschehen? Eine Lehrerin, die Zeugin des Unfalls gewesen war, hatte Klage gegen sie eingereicht: Der Zusammenstoß ihrer beiden Autos hatte sie derart traumatisiert, dass sie ihren Beruf nicht mehr ausüben konnte. Sie hörte ständig Metallgeräusche in ihrem Kopf. Das Gericht verurteilte beide Männer dazu, ihr jeweils mehrere tausend Dollar zu zahlen.

Welche Lehre kann man aus dieser Anekdote ziehen? Zwei Personen können aneinandergeraten, Ärger und Schäden verursachen, und dann, nach einigen Diskussionen eine Übereinkunft erzielen. Sie betrachten die Angelegenheit daher als erledigt, aber in Wirklichkeit kann eine dritte Person, die zufällig oder unfreiwillig ihre Auseinandersetzung mitbekommen hat, zum Opfer werden. Die beiden Verantwortlichen für den Vorfall sind jetzt beruhigt, aber das Opfer ist es nicht. Darum wird die göttliche Gerechtigkeit sich eines Tages vor den beiden präsentieren und ihnen eröffnen, dass sie schuldig sind. Sie werden sicherlich protestieren, aber die göttliche Gerechtigkeit wird diesen Protesten gegenüber taub bleiben und sie dazu verurteilen, auf die eine oder andere Art zu bezahlen.

Auf diese Weise wird das Schicksal auch uns einmal überraschen, obwohl wir niemandem direkt Böses getan haben. Durch unser Verhalten haben wir bestimmte Wesen beeinträchtigt und wir werden verurteilt. Ihr habt schon oft diese Erfahrung gemacht, aber ohne zu wissen, wie ihr das, was euch widerfahren ist, interpretieren solltet. Jedes Mal, wenn euch eine Aufgabe oder eine Verpflichtung auferlegt wird, auch wenn ihr es ungerecht findet und meint, dass es nicht eure Aufgabe sei, dies auszuführen, ist das der Beweis, dass ihr einen Fehler wiedergutzumachen habt. Denkt daher niemals, das, was euch geschieht, sei ungerecht oder sinnlos.[4]

Wie viele zu ihren Lebzeiten berühmte Männer und Frauen haben gehofft, eine Spur in der Geschichte zu hinterlassen! Aber auf der Erde von den Menschen anerkannt und geschätzt zu werden ist eine Sache, und im Himmel vom Herrn und Seinen Engeln anerkannt zu werden, das ist eine andere, denn die Wertmaßstäbe auf der Erde und in der göttlichen Welt sind nicht dieselben.

Wenn diejenigen, die man »große Menschen« nennt, sterben, richtet das Land ein Staatsbegräbnis aus, man errichtet ihnen ein Denkmal, man widmet ihnen Bücher und später feiert man ihren Geburts- oder Sterbetag. Manche verdienen es ganz offensichtlich. Aber während man sie auf der Erde verehrt, wie viele müssen da, oben angekommen, das strenge Urteil himmlischer Wesenheiten ertragen, die ihnen sagen: »Du hast die Talente, die du besaßest, dazu verwendet, Vergnügen, Reichtum, Macht und Ruhm zu suchen, und du hast das oft zum Schaden anderer getan. Doch dafür bist du nicht auf die Erde hinabgestiegen. Du hättest deine Talente im Dienste des Herrn anwenden sollen, zum Wohle der Menschheit. Du hast vielleicht manche guten Dinge getan, im Vergleich zu all dem, was du hättest tun können, jedoch sehr wenige! Setz dich jetzt dort in eine Ecke und meditiere über die Leere menschlichen Ruhmes, damit du an dem Tag, an dem du aufs Neue hinabsteigen wirst, weißt, wie du deinen Verstand und all deine Fähigkeiten nutzen kannst, aber auch, wie du deine Fehler wiedergutmachen kannst.«

Was nun euch angeht, selbst wenn ihr nicht den Ehrgeiz habt, eine nationale oder internationale Berühmtheit zu werden, so gebe ich euch folgenden Rat: Anstatt euch um die gute oder schlechte Meinung zu kümmern, welche die anderen – eure Familie, eure Freunde, die Leute, mit denen ihr arbeitet, euch bezüglich haben könnten und anstatt vor ihnen glänzen zu wollen, fragt euch lieber jeden Tag, was die himmlischen Wesenheiten denken, vor denen ihr euch eines Tages präsentieren müsst.

Anmerkungen

1. Siehe auch Band 233 der Reihe Izvor »Eine Zukunft für die Jugend«.
2. Siehe auch Band 241 der Reihe Izvor »Der Stein der Weisen – Von den Evangelien zur Alchimie«, Kap. III: »Ihr seid das Salz der Erde. 1. Der Materie das Siegel des Geistes aufprägen – 2. Die Quelle der Energien«.
3. Siehe auch Band 215 der Reihe Izvor »Die wahre Lehre Christi«, Kap. VII: »Vater, vergib ihnen, denn sie wissen nicht, was sie tun«, Kap. VIII: »Wenn dich jemand auf deine rechte Backe schlägt...«.
4. Siehe auch Band 202 der Reihe Izvor »Der Mensch erobert sein Schicksal«, Kap. IV: »Menschliche und göttliche Gerechtigkeit«, Kap. VIII: »Die Reinkarnation«.

## Kapitel 7

# Der Übergang ins Jenseits

Selbst wenn die Menschen wissen, dass sie eines Tages sterben werden, und das ist eine der wenigen Gewissheiten, die sie besitzen, verhalten sie sich so, als dürften sie ewig auf der Erde leben. Also bemühen sie sich, dort eine politische, soziale, moralische, intellektuelle Ordnung zu errichten, die ihnen passt. Und während sie damit beschäftigt sind, sich mit Zähnen und Klauen zu bekämpfen, um ihre Vision der Dinge durchzusetzen, kommt ihnen der Gedanke, dass sie bald in die jenseitige Welt gehen müssen, gar nicht in den Sinn; und wenn er sie doch von Zeit zu Zeit streift, stellen sie sich vor, für die Nachwelt zu arbeiten, für ihre Kinder oder ihre Nachfolger, die diese untadelige Ordnung der Dinge erben werden, die sie aufrechterhalten und eigenhändig und unverändert an die neuen Generationen weitergeben werden. Dem ist aber leider nicht so, solche Standpunkte stehen in Widerspruch zu den Plänen der kosmischen Intelligenz.

Der Mensch kommt jedes Mal nur für sehr kurze Zeit auf die Erde, als Reisender, als Forscher: Er muss Wissen erwerben, dort einige Jahre arbeiten, dann geht er wieder. Ihr könnt daher vom Leben nur ein genaues, vollständiges Bild haben, wenn ihr lernt, das, was man den Tod nennt, mit einzubeziehen. Euer Leben ist nicht nur auf diese kurze Zeitspanne begrenzt, die ihr auf der Erde verbringt. Euer Leben ist sehr lang, unbegrenzt, es ist eine Aufeinanderfolge von Kommen und Gehen zwischen der Erde und der Welt des Jenseits.

Doch auch wenn ihr auf der physischen Ebene lebt, lebt ihr nicht allein in eurem physischen Körper, sondern auch in euren psychischen Körpern: dem Astral- und Mentalkörper, und in euren spirituellen Körpern: dem Kausal-, dem Buddhi- und dem Atmankörper.[1] Wenn ihr sie nicht ernährt, wird euch sogar in dieser Existenz etwas sehr Wertvolles fehlen; aber vor allem, wenn ihr in der jenseitigen Welt ankommt, werdet ihr euch derart kümmerlich und schutzlos fühlen! Wenn man sein irdisches Leben auf das des physischen Körpers reduziert, was soll man dann empfinden, wenn man gezwungen ist, diesen zu verlassen, um sich woanders hinzubegeben? Man ist verloren. Und an dieser Stelle stellt sich bereits die Frage, ob man einen Toten besser beerdigen oder lieber verbrennen sollte.

Vor einigen Jahren bat mich eine unserer Schwestern, deren Ehemann bei einem Segelflugabsturz ums Leben gekommen war, um Rat. Sie erinnerte sich, dass er ihr im Verlauf einer Unterhaltung mitgeteilt hatte, dass er die Feuerbestattung der Beerdigung vorziehen würde, seine Mutter jedoch bestand darauf, dass er beerdigt werden sollte, denn sie wollte am Grab seiner gedenken können. Welchem Willen sollte sie also nachkommen? Wie sollte sie den Wunsch einer Mutter und den ihres Ehemannes in Einklang bringen? Und sie fragte mich auch, was ich von der Feuerbestattung hielte.

Es steht mir nicht an, darüber zu urteilen, ob jemand beerdigt oder feuerbestattet werden soll, beide Rituale sind gut, das eine wie das andere, aber dennoch sollte man eines wissen: Wenn ein Mensch für tot erklärt ist, bestehen noch Verbindungen zwischen seiner Seele und seinem physischen Körper. Wenn man ihn in die Erde bettet, lösen sich diese Verbindungen langsam; wenn man ihn verbrennt, geschieht diese Trennung viel schneller. Doch diese Trennung kann als gewaltsam, als ein Zerreißen empfunden werden, wenn dieser Mensch noch nie das Bewusstsein hatte, dass seine wahre Existenz nicht auf die seines physischen Körpers begrenzt ist. Was kann die Seele eines Menschen empfinden, der niemals an sein Weiterleben nach dem Tod geglaubt hat? Sie braucht viel Zeit, um zu verstehen, wo sie sich befindet, und um sich friedlich zu lösen. In diesem Fall ist das Begräbnis vorzuziehen.

Ein menschlicher Körper ist mit einem Text vergleichbar, der in einer Druckerwerkstatt zusammengesetzt wurde. In der Druckerwerkstatt, sofern sie noch Bleilettern verwendet, sind diese in Kästen eingeordnet. Von dort nimmt man sie heraus, um sie zu Wörtern und Sätzen zusammenzufügen, und schon hat man einen Roman oder ein Gedicht. Dieser so zusammengesetzte Text wird danach in so vielen Exemplaren, wie gewünscht, reproduziert. Auf analoge Weise ist ein menschlicher Körper ein aus Lettern zusammengesetztes Buch, das heißt aus Teilchen, die den vier Elementen aller Naturreiche entstammen. Die Seele, die ihn bewohnt, macht aus diesem Körper ein großartiges oder mittelmäßiges oder schlichtweg schlechtes Buch, das überall, wo es hingelangt, Eindrücke, Spuren hinterlässt, wie so viele Exemplare. Eines Tages trennen sich die Buchstaben dieses Buches wieder und kehren zu den vier Elementen zurück, aus denen sie gekommen sind. Es bleibt von dem Körper nichts übrig, aber die Seele, die diesen Körper bewohnte, ist lebendig, sie wird andere Texte in anderen Bereichen des Raumes schreiben.

Mit Tod bezeichnen wir die Auflösung eines kürzlich verfassten Textes. Von Tod zu sprechen, ist nur eine Vereinbarung, und wie viele Male hat jeder von uns diesen Übergang schon erlebt! Aber viele, die sich von der Materie haben einwickeln lassen, haben es vergessen. Wenn sie beerdigt sind, kehren die Elemente, aus denen ihr Körper besteht, nach und nach zu ihren Ursprungsorten zurück: der Erde, dem Wasser, der Luft und dem Feuer, und die Seele macht sich langsam frei. Bei einer Verbrennung überstürzen sich die Prozesse und die Seele kann wirklich darunter leiden.

Also, was habe ich jetzt dieser Schwester geantwortet? »Der Wunsch Ihres Gatten, der durch einen Unfall starb, war, verbrannt zu werden, und man sollte sich den Wünschen der Verstorbenen fügen; wenn man dies nicht tut, kann man ihnen Kummer bereiten. Aber man sollte auch die Wünsche einer Mutter berücksichtigen. Wenn sie es braucht, dass der Körper ihres Sohnes nicht zu Asche verwandelt wird, um seinen plötzlichen Tod verarbeiten zu können, warum es ihrer Liebe verweigern? Daher schlage ich Ihnen Folgendes vor. Da die Menschen ja im Jenseits weiterhin lebendig sind, können wir uns an sie wenden, sie hören uns und verstehen uns. Als Ihr Gatte erwähnte, verbrannt werden zu wollen, hat er diesen frühzeitigen Tod und das Leid, das er seiner Mutter bereiten würde, nicht vorausgesehen, denn Kinder denken nicht daran, dass sie vor ihren Eltern sterben könnten. Sprechen Sie also mit Ihrem Ehemann; ich weiß, dass er angesichts des Leides seiner Mutter begreifen wird, dass ihr Wunsch erhört werden sollte. Auch ich werde mit ihm sprechen.« Meine Antwort beruhigte sie.

Nur weil jetzt ihre Verbindungen mit dem Körper getrennt sind, ist es der Seele natürlich nicht sofort gestattet, die göttliche Herrlichkeit zu schauen, denn es ist im Jenseits wie auf der Erde.

Um bestimmte Orte betreten zu können, zu denen die Allgemeinheit normalerweise keinen Zutritt hat, müsst ihr euch an einen Beamten wenden, der euch ein Papier mit Stempel und Unterschriften geben wird. Ihr geht durch eine Tür, dann durch eine andere und noch eine andere. Ihr wartet. Dann empfängt euch jemand, hört euch an und sagt zu euch: »Wir befassen uns mit Ihrer Angelegenheit, kommen Sie in einer Woche wieder«, denn es muss zuerst ein Minister oder eine andere Autorität konsultiert werden. Ihr kommt wieder, und wenn alles gut geht, erhaltet ihr einen Passierschein, den ihr sorgfältig aufbewahrt.

Wenn es auf der physischen Ebene Orte, Gebiete gibt, wo ihr nicht hingelangen könnt, ohne einen Passierschein, einen Pass oder ein Visum vorzuzeigen, so gilt das umsomehr für die göttliche Welt. Es genügt nicht, dass ihr euch vor den Toren des Himmels präsentiert, damit sie sich vor euch öffnen. Dort befinden sich Wesenheiten, die euch sagen: »Wartet, wir werden sehen, ob wir euch hereinlassen können.« Und wer wird dann entscheiden? Die Tugenden. Ja, jedes Mal, wenn ihr im Einklang mit den göttlichen Tugenden gehandelt habt, haben sie euch mit ihrem Siegel gezeichnet, jede hat Spuren, Einprägungen auf euch hinterlassen, und genau das sind eure Passierscheine. Versehen mit diesen Passierscheinen präsentiert ihr euch an den Grenzen der göttlichen Welt: Eine Art Mechanismus wird ausgelöst und ihr tretet ein. Ihr werdet vielleicht nicht gleich im Allerheiligsten zugelassen, aber ihr tretet ein.

Ihr fragt euch, ob diese Einprägungen, von denen ich spreche, real sind? Ja, und sie erscheinen in der Aura in Form von Farben.[2] Jede Farbe entspricht einer Tugend: das Violett dem Opfer, das Indigo der Kraft, das Blau der Wahrheit, das Grün der Hoffnung, das Gelb der Weisheit, das Orange der Heiligkeit und das Rot der Liebe. Diese sieben Farben repräsentieren die sieben Geister vor dem Thron Gottes, und der Apostel Johannes erwähnt sie in der Apokalypse. Die Kabbala nennt sie die Geister der Sieben Lichter.[3]

Eines Tages werdet ihr, so wie diese sieben Geister, mit den reinen Farben eurer Aura vor dem Thron Gottes stehen... Aber bis es so weit ist, da täuscht ihr euch, wenn ihr glaubt, dass ihr, einmal im Jenseits angekommen, nichts mehr zu tun haben werdet. Man schickt euch zunächst in die Schule, wo Lehrer euch euer Leben bis in alle Einzelheiten überprüfen lassen, damit ihr euch der Fehler, die ihr begangen habt, bewusst werdet. Ihr braucht dann keine Notizbücher und Stifte, um Notizen zu machen: Diese Lehrer prägen euch diese Lektionen auf. Dann schicken sie euch nach einiger Zeit zurück auf die Erde, mit dem Auftrag, euer Verhalten zu bessern.

Was werdet ihr tun, wenn ihr euch wieder inkarniert? Das ist eine andere Frage, denn trotz der guten Lektionen und der oben gefassten Entschlüsse, kann es durchaus sein, dass ihr sie vergesst, sobald ihr wieder auf der Erde seid und dieselben

Fehler wiederholt. Bis zu dem Tag, an dem es euch gelingt, die Erinnerung an eure vergangenen Erfahrungen tief in eure Seele einzuprägen, und auch den Wunsch, sich bessere Ziele zu setzen.

Wenn der Entschluss, einem bestimmten Weg zu folgen, im tiefsten Inneren eures Wesens eingraviert ist, ist es so, als würde euch ein Instinkt leiten, der euch daran hindert, vom Weg abzukommen, und der euch zeigt, wie ihr Hindernisse vermeiden oder überwinden könnt. Ihr vergesst eure guten Entschlüsse nur deshalb, weil ihr sie noch nicht genügend in euer Unterbewusstsein eingraviert habt, bis hinein in den Kern eurer Zellen. Die Rolle eines spirituellen Meisters besteht eben gerade darin, in der Seele seiner Schüler die Erinnerung an die Erfahrungen der Vergangenheit und die getroffenen Entschlüsse zu wecken. Andernfalls, wenn sie wieder die Grenze zum Jenseits überschreiten müssen, werden sie einmal mehr die Mittelmäßigkeit, die Nichtigkeit des Daseins erkennen müssen, das sie gerade verlassen haben, und sie werden dazu verurteilt, in den kargen und finsteren Regionen des Jenseits herumzuirren.

Jesus sagte: »Sammelt euch aber Schätze im Himmel, wo sie weder Motten noch Rost zerstören und wo die Diebe nicht durchgraben noch stehlen.« Diese Empfehlung ist die Synthese einer umfassenden Wissenschaft vom Leben.[4]

Die Menschen, die ihre Zeit mit der Suche nach physischen, materiellen Befriedigungen verbrachten, wussten nicht, wie sie Schätze in ihrer Seele und in ihrem Geist ansammeln sollen. Wenn sie in die andere Welt hinübergehen, sind die Bindungen an die Erde so stark, dass sie um die Orte herumstreifen, an denen sie gelebt haben, und was sehen sie dort oft? Ihre Erben, die ihre Güter vergeuden, Mitglieder ihrer Familie oder Freunde, die sie verraten. Sie versuchen zu ihren Kindern zu sprechen, die dabei sind auf Abwege zu geraten, aber keiner sieht oder hört sie... Sie halten sich an den Orten auf, wo sie für gewöhnlich gegessen, getrunken, sich amüsiert haben, und wie leidvoll für sie, weder an den Festen teilnehmen noch ihre sinnlichen Gelüste befriedigen zu können, da sie keinen physischen Körper mehr haben!

Diese Leiden von Seelen, die mit dem Verlassen der Erde alles zurücklassen mussten, was für sie das Interesse am Leben ausmachte, wie viele Künstler haben das in ihren Bildern dargestellt oder in ihren Gedichten beschrieben! Ihr kennt sie... Aber natürlich sind all diese mit Gabeln bewaffneten Teufel, diese Feuersglut, diese Kessel und diese Martern, eine schlimmer als die andere, nur Bilder. Es geschieht in der Seele, dass wir gekocht und gemartert werden. Es geschieht in der Seele, dass wir die Hölle erleben. In Wirklichkeit kennen die Menschen die Hölle bereits auf der Erde, wenn Begehrlichkeit, Ehrgeiz, Hass und Sinnlichkeit sie in die niederen Regionen der Astralwelt stürzen; und es ist diese Hölle, die sie ins Jenseits mitnehmen, da sie in ihnen ist.

Was nun diejenigen angeht, die es während ihres Daseins auf der Erde verstanden haben, dem Leben der Seele und des Geistes den ersten Platz einzuräumen, wohin gehen sie beim Verlassen ihres physischen Körpers? Da sie Verbindungen mit der göttlichen Welt geschaffen haben, werden sie davon angezogen. Sie finden die Schätze, die sie im Inneren angesammelt haben, wieder, und sie begegnen Wesen, die, so wie sie, gelernt haben, sich vom Licht und von der Liebe Gottes zu nähren. Nach einem mehr oder weniger langen paradiesischen Aufenthalt kehren sie, wenn sie ihr Karma im vergangenen Leben noch nicht völlig beglichen haben oder sie selbst sich dazu entschließen, wieder auf die Erde zurück. Ihre himmlischen Freunde begleiten sie und bieten ihnen Blumen an, singen für sie und spielen auf Instrumenten; sie versprechen ihnen auch, über sie zu wachen und sie bei ihren Prüfungen zu unterstützen. Denn selbst für einen Eingeweihten ist das Herabsteigen in die Materie wie das Eintauchen in einen Abgrund; und vom Grunde dieser Finsternis aus, inmitten von Gefahren, muss er seinen Aufstieg zur Freiheit und zum Licht wieder beginnen.

Als ich Leiter einer Schule in Bulgarien war, suchte mich eines Tages, als ich einen öffentlichen Vortrag gehalten hatte, ein Mann auf und erzählte mir Folgendes: »Während des Krieges wurde ich schwer verletzt. Man musste mich operieren und während des Eingriffs behielt ich mein volles Bewusstsein. In einem Moment habe ich gespürt, dass ich aus meinen Körper heraustrat. Ich habe mich über den Operationstisch erhoben, ich habe der Arbeit des Chirurgen zugesehen und habe seine Besorgnis und die seiner Assistenten wahrgenommen. Aber eine unwiderstehliche Kraft trug mich davon: Ich war leicht, vollständig von meinem Körper und seinem Leiden gelöst. Plötzlich wurde ich mir bewusst, dass ich nicht allein war, eine Anzahl anderer Wesen war mit mir und wir strebten gemeinsam im Raum vorwärts, auf einen wunderbaren Ort zu. Aber dann hörte ich auf einmal eine Stimme zu mir sagen: »Was machst du hier? Dein Leben auf der Erde ist noch nicht beendet, du musst zurückkehren.« Und ich fand mich in dem Operationssaal wieder, wo man gerade dabei war meinen Leichnam fortzutragen, denn man hielt mich für tot. Ich ging wieder in meinen Körper zurück, der sich zum großen Erstaunen aller wieder belebte.«

Nun, das ist ein authentisches Ereignis, und viele andere Personen haben eine vergleichbare Erfahrung gemacht. Lassen wir den Materialisten also ihre Ungläubigkeit. Derart durch das Leben auf der physischen Ebene vernebelt, haben sie vergessen, dass sie bereits mehrmals diesen Übergang, den wir Tod nennen, durchschritten haben, und dass sie weiterhin am Leben sind! Wenn sie das Leben so sehr lieben würden, wie sie behaupten, würden sie spüren, dass ihr Tod nur die Fortführung ihres Lebens sein wird, dieses Lebens, das nicht im physischen Körper ist, sondern in der Seele und im Geist.[5] In Wirklichkeit dient der Tod dem Leben.

Anmerkungen

1. Siehe auch Band 222 der Reihe Izvor »Die Psyche des Menschen«, Kap. III: »Von Seelen und Körpern«.
2. Siehe auch Band 309 der Reihe Broschüren »Die Aura«.
3. Siehe auch Band 201 der Reihe Izvor »Auf dem Weg zur Sonnenkultur«, Kap. VII: »Die Geister der sieben Lichter«.
4. Siehe auch Band 217 der Reihe Izvor »Ein neues Licht auf das Evangelium«, Kap. IV: »Sammelt euch Schätze«.
5. Siehe Band 240 der Reihe Izvor »Söhne und Töchter Gottes«, Kapitel 1: »Ich bin gekommen, damit sie das Leben haben«.

# Kapitel 8

## Das Leben ohne Grenzen

Die Angst vor dem Tod ist eine Form von Selbsterhaltungstrieb, und diesen Instinkt hat die Natur selbst dem Menschen gegeben. Er kommt auf die Erde wie ein Lehrling in eine Werkstatt, um dort eine Ausbildung zu machen. Er lernt und sammelt Erfahrungen und macht auf diese Weise Fortschritte. Was würde geschehen, wenn er sich ohne die geringste Furcht vor dem Tod allen Gefahren aussetzte? Die Ausbildung würde vorzeitig unterbrochen. Hat er die Ausbildung erst einmal beendet, verlässt der Lehrling die Werkstatt. Vielleicht verspürt er beim Fortgehen eine leichte Beklemmung, aber er erlebt es nicht als eine Tragödie; im Gegenteil, wenn er gut gelernt hat, spürt er, dass sich großartige Perspektiven vor ihm auftun.

Zwar behaupten manche das Gegenteil, aber viele wünschen sich ein möglichst langes Leben – vorausgesetzt sie müssen nicht zu sehr leiden – und dies ungeachtet der Tatsache, dass sie blind, taub oder bewegungsunfähig sind. Und das erinnert mich an den Streich, den ein Student eines Tages seiner alten Nachbarin spielen wollte.

Es war in Bulgarien, in Sofia oder Varna, ich weiß es nicht mehr. Jedes Mal, wenn der Student an der Tür seiner Nachbarin vorbeiging, hörte er sie zum Herrn beten, Er möge sie von der Erde zurückholen, aus diesem Tal der Tränen, und sie bei sich ins Paradies aufnehmen. Er überredete ein paar Kameraden, mit ihm zu kommen, und als Engel verkleidet, an ihre Tür zu klopfen. »Wer ist da?« fragte die alte Frau. Sie antworteten im Chor: »Wir sind die Boten von Erzengel Michael. Er schickt uns, dir zu sagen, dass deine Gebete endlich erhört wurden. Er wird kommen, um deine Seele zu holen (denn, der Überlieferung gemäß, kommt ein Engel, um die Seele des Verstorbenen zu holen und sie zu Gott zu geleiten), öffne uns.« Es herrschte einige Sekunden Stille, dann antwortete eine feste Stimme: »Sagt Erzengel Michael, dass die Alte nicht hier wohnt.«Und sie hütete sich wohl, ihnen die Tür zu öffnen. Sie konnte die »Engel« also nicht sehen, die zu ihr gekommen waren.

Es ist der Selbsterhaltungstrieb, der die Menschen die Angst vor dem Tod spüren lässt. Wenn man aber sieht, auf welch unsinnige Weise manche leben, indem sie ihre Gesundheit schädigen und sich unter dem Vorwand, Erfahrungen zu machen, in gefährliche Abenteuer stürzen, kann man sich des Eindrucks nicht erwehren, dass sie alles tun, um diesen Moment schneller herbeizuführen. Wie kann man da noch von Angst vor dem Tod sprechen? Sie provozieren den Tod, so, als ob sie sich tief in ihrem

Innern unsterblich wüssten. Ihr wendet ein: »Aber dann kann man ihnen ihr Verhalten nicht wirklich vorwerfen!« Doch, eben gerade, denn man darf nicht alles durcheinanderbringen: Das Bewusstsein der Unsterblichkeit wird nicht erlangt, indem man sich auf törichte Weise Gefahren aussetzt. An die Unsterblichkeit glauben heißt, an die Macht des Geistes glauben. Doch es ist nicht der Geist, der so viele Leute dazu treibt, ihr Ende beschleunigt herbeizuführen, es ist ihre Unbewusstheit, ihre Untätigkeit, ihr Mangel an Selbstbeherrschung.

Das Universum ist das Aktionsfeld der beiden Prinzipien Materie und Geist. Das Prinzip der Materie komprimiert, kondensiert, schützt und bewahrt die Formen. Die Kabbala stellt sie als ein dunkles Prinzip dar, das sie der Nacht gleichsetzt. Das Prinzip des Geistes hingegen löst die Formen auf, es lässt sie zum feinstofflichen Zustand zurückkehren und die Kabbala setzt es dem Strahlen, dem Licht, also dem Tag gleich.

Wenn ein Kind geboren wird (und sogar noch vorher, wenn es sich noch im Schoß seiner Mutter befindet), beginnen diese beiden Prinzipien in ihm zu wirken. Eine bestimmte Zeit lang sammelt und kondensiert das Prinzip der Materie die Elemente, und das Kind wächst. Diese immer fester werdende Form widersetzt sich dem Prinzip des Geistes, das seinerseits danach strebt, die Formen aufzulösen, um sie zur ursprünglichen Quelle zurückzuführen. Das Prinzip, das an der Konservierung der Formen arbeitet, und das besonders bei den Mineralien entwickelt ist, drängt die Menschen, sich an die physische Ebene zu klammern, und in erster Linie an ihren Körper.

Diese beiden Prinzipien Geist und Materie scheinen sich zu bekämpfen, aber in Wirklichkeit arbeiten sie gemeinsam im Dienste des Lebens. Und während das Prinzip Materie sich entwickelt und sein Gebiet ausweitet, bleibt der Geist nicht inaktiv, er versucht dem Menschen zu zeigen, dass es noch andere Bereiche aufzusuchen, andere Arbeiten auszuführen gilt. Manche verweigern sich dem, sie versteifen sich darauf, ihre Anstrengungen auf die physische Ebene zu konzentrieren. Ich sage nicht, dass man den physischen Körper und die materiellen Bedingungen vernachlässigen sollte, nein, aber man sollte sich Grenzen setzen, denn wir sind nur für eine gewisse Zeit auf der Erde. Und es genügt nicht, dies einfach so, theoretisch zu wissen; dieses Bewusstsein der Vergänglichkeit jeder materiellen Form, also auch unseres physischen Körpers, sollte uns dazu drängen, den Geist zu suchen, der die Formen aufhebt, um ständig neue aus ihnen hervorzubringen. Darin liegt eine der grundlegenden Voraussetzungen für unsere Weiterentwicklung.[1]

Die Furcht vor dem Tod beweist einen Mangel an Licht, ein begrenztes Verständnis davon, was das Leben wirklich ist. In gewisser Weise existiert der Tod gar nicht, er ist im Leben enthalten, er ist nur ein Wechsel der Ebene und der Kleidung, damit wir im Verständnis des Lebens Fortschritte machen. Jedes Mal, wenn ein Schauspieler eine neue Rolle darstellen muss, wechselt er die Kleidung, aber auch die Partner, und diese neue Rolle lehrt ihn zusätzlich etwas über sich selbst und über die anderen. Nun, auch wir können uns nicht in einer Rolle verewigen, nach einer gewissen Zeit müssen wir die Bühne der Welt verlassen. Man nennt diesen Abgang von der Bühne Tod, aber in Wirklichkeit gibt es nur das ununterbrochene Leben. Man muss sich daran gewöhnen, das Dasein in seiner Kontinuität zu sehen. Es ist eine sehr störende Angewohnheit der Menschen, überall Grenzen zu ziehen: Grenzen zwischen dem Spirituellen und dem Materiellen, zwischen dem Wachen und dem Schlaf, zwischen dem Leben und dem Tod... Nein, das Dasein ist eins.

Leben... Jeder legt in dieses Wort nur das, was er kennt. Für die meisten Menschen stellt das Leben daher nur eine sehr begrenzte Realität dar. Doch das Leben ist ein grenzenloser Ozean. Im Schoße dieses Ozeans, sagt man, werden die Geschöpfe geboren und sterben, aber in Wirklichkeit gibt es immer das Leben. Der Ozean ist eines der Bilder, das am besten die Ganzheit und die Unerschöpflichkeit des Lebens zum Ausdruck bringt. Andere Bilder sind die Quelle, die sprudelt oder die Sonne, aus der das Licht hervorstrahlt, und der Baum.

Sobald das Prinzip Materie seine Arbeit beendet hat, tritt das Prinzip Geist wahrhaft in Aktion. Es sagt uns, dass der Moment der Befreiung nahe ist und dass wir unseren Körper, dessen Kräfte schwinden, nicht bedauern sollten. Angst vor dem Tod zu haben, bedeutet, sich gegen das Prinzip des Lebens zu versündigen, das uns die Schönheit der geistigen Regionen offenbaren will. Denn es herrscht überhaupt keine Trennung zwischen dem Sichtbaren und dem Unsichtbaren. Wir spüren dies nur deshalb nicht, weil uns bestimmte Wahrnehmungsfähigkeiten fehlen, wir haben sie noch nicht eingeübt.

Wir sind auf die Erde herabgestiegen, um hier eine Arbeit zu verrichten, die vergleichbar ist mit der Arbeit der Alchimisten. Es wurde uns eine Materie gegeben, der wir die Quintessenz entziehen sollen; diese Quintessenz ist der einzige Reichtum, den wir mit uns nehmen werden, wenn wir sterben, und wir werden mit ihm in den anderen Welten weiterarbeiten.[2] Ihr fragt euch, wie man dieses Wort »Materie« verstehen soll. Das ist einfach: All das, aus dem unser tägliches Leben, unsere Aktivitäten, unsere Begegnungen bestehen, ist eine Art Materie, die wir durch die Macht des Geistes umwandeln sollen. Das setzt also auch eine Arbeit an uns selbst voraus, denn auch wir sind eine Materie; selbst unsere Gedanken, unsere Gefühle, unsere Wünsche und unsere Bewusstseinszustände sind eine Materie, die wir umwandeln müssen.

Die alchimistische Arbeit vollzieht sich daher gleichzeitig im Äußeren und im Inneren. Sobald wir in der Materie arbeiten, arbeiten wir an uns selbst. Darum dürfen wir vor der Materie nicht fliehen, sondern sollen unsere irdischen Aktivitäten bewusst auf uns nehmen, genauso gut wie jeder beliebige Materialist. Der Unterschied zu den Materialisten liegt in der Sichtweise, sie muss uns leiten. Der Geist leugnet die Materie nicht, und die Materie darf den Geist nicht leugnen, sondern soll sich ihm unterordnen.

Die Ernährung ist das beste Beispiel dafür, worin unsere Arbeit bestehen muss. Wenn wir essen, wandeln wir die Materie um; indem wir sie unserer eigenen Substanz hinzufügen, machen wir sie feinstofflicher, wir übertragen ihr etwas von dem, was wir sind. Und die Qualität dessen, was wir ihr übermitteln, ist abhängig von den Anstrengungen, die wir zunächst an uns selbst unternommen haben, das heißt, an unseren Instinkten, unseren Begierden, unseren Gefühlen, unseren Gedanken.[3]

Wer die Bedeutung seiner irdischen Existenz begreift, verlässt das Leben mit dem Gefühl, die Aufgabe, für die er gekommen war, erfüllt zu haben, und er weiß, dass er diese Arbeit im Jenseits fortführen wird. Deshalb schreckt ihn der Tod nicht; er weiß, er spürt, dass er woanders weiterleben und arbeiten wird. Das Licht des Wissens räumt die Angst aus dem Weg. Man hat Angst vor dem Tod, weil man ihn nicht kennt. Man sollte sich daher mit dieser Vorstellung des Übergangs, den wir Tod nennen, anfreunden, der doch in Wirklichkeit nur die Fortführung des Lebens in einer anderen Form bedeutet.

Eines Tages kommt der Engel des Todes zu jedem, um zu sagen, dass es jetzt Zeit ist, sich auf den Weg zu machen, um andere Regionen zu entdecken... Und man darf sich nicht verzweifelt festklammern, sondern sollte freundlich und fröhlich mitgehen. Ich habe eine unserer Schwestern auf diese Weise gehen sehen. Sie sagte lächelnd: »Ich mache mich jetzt auf den Weg«, und sie ist fortgegangen. Es ist großartig, so zu sterben, freudig und bei vollem Bewusstsein.

Überall im Universum gibt es nur Leben, grenzenloses Leben. Darum sollt ihr nicht darum bitten, vor dem Tode errettet zu werden, sondern zu leben. Sagt nicht, dass ihr sterben, sondern dass ihr leben werdet. Verankert in eurem Geist den Gedanken, nicht dieses Leben zu verlängern, sondern in ein neues Leben einzutreten.

Was natürlich viele am Tod fürchten, das ist die Trennung von ihrer Familie und von ihren Freunden. Tatsächlich aber werden sie, wenn sie erst einmal im Jenseits sind, viel freier sein, sie alle zu sehen, mit ihnen zusammen zu sein, und sie werden sie besser sehen. Auf der Erde ist das, was wir von den Menschen kennen, begrenzt, ihre physische Erscheinung verbirgt uns, was sie wirklich sind.

Und dass das Verschwinden eines lieben Menschen auch sehr schmerzhaft ist, werde ich niemals leugnen; auch ich habe das erfahren, und besonders, wenn dieses Verschwinden auf brutale Weise geschieht. Doch die Liebe macht es möglich, dies zu überwinden. Ihr denkt, dass, je mehr man liebt, man umso mehr leidet an solch einer Trennung. Für den Augenblick ja, zweifelsohne. Aber wenn ihr einen Menschen aufrichtig geliebt habt, entsteht mit der Zeit eine andere Art der Verbindung zwischen ihm und euch, ihr spürt ihn als eine beständige Gegenwart. Und in der Nacht, während des Schlafes, seid ihr auch mit ihm zusammen. Am Morgen erinnert ihr euch vielleicht nicht an diese Begegnung, weil die Reisen der Seele während des Schlafes nur selten bis ins Bewusstsein gelangen, aber mit der Zeit werdet ihr immer stärker die Kraft dieser Verbindung spüren.

Gott hat der Liebe keine Grenzen gesetzt. Die Menschen, die sich mit wahrer Liebe geliebt haben, verlassen sich niemals, ihre Seele überwindet alle Hindernisse der Materie.

Anmerkungen

1. Siehe auch Band 237 der Reihe Izvor »Das kosmische Gleichgewicht – Die Zahl 2«, Kap. X: »Prinzip des Lebens und Prinzip des Todes: Jona und Orew«.
2. Siehe auch Band 241 der Reihe Izvor »Der Stein der Weisen – Von den Evangelien zur Alchimie«, Kap. XI: »Die Regeneration der Materie: das Kreuz und der Tiegel«, Kap. XIII: »Die Entfaltung des göttlichen Keims«, und Kap. XIV: »Das Gold des wahren Wissens: Alchimist und Goldsucher«.
3. Siehe auch Band 204 der Reihe Izvor »Yoga der Ernährung«, Kap. X: »Die Arbeit des Geistes an der Materie«.

## Kapitel 9

# Die Bedeutung der Bestattungsrituale

In ferner Vergangenheit war es Brauch, die Verstorbenen mit Nahrung und bestimmten ihnen vertrauten Gegenständen zu bestatten. Manchmal waren diese Nahrung und diese Gegenstände nur symbolisch dargestellt: Man malte sie auf die Wände der Grabstätten. Man kann den Fortbestand dieses Brauches bis heute beobachten; er beruht auf dem Wissen von den Beziehungen zwischen der niederen und der höheren Welt.

Es heißt auf der Smaragdtafel des Hermes Trismegistos: »Das was unten ist, ist wie das, was oben ist, und das, was oben ist, ist wie das, was unten ist.« Die sichtbare und die unsichtbare Welt, die physische und die spirituelle Welt, zwischen den beiden gibt es keinen Widerspruch, das Universum bildet eine Einheit. Jeder Gegenstand existiert oben als Quintessenz; wenn er sich in der unteren Welt materialisiert, ist er immer Träger dieser Quintessenz, und es ist dem Menschen vorbehalten, ihn zu beleben und ihn wirksam zu machen.[1] Solange man diese Wahrheit nicht kennt, wird man diesen Brauch natürlich lächerlich und dumm finden, den Brauch, so viele wertvolle Gegenstände in die Grabstätten gelegt und so viele großartige Fresken an die Wände gemalt zu haben, die für immer dem Blick verborgen bleiben sollten. Gelegentlich findet man auch geometrische Symbole, denn unsere Vorfahren betrachteten diese Symbole als Energie-Speicher, wovon sich der Verstorbene ernährte.

Ihr fragt euch: »Aber warum spürt die Mehrheit der Menschen diese Beziehungen zwischen dem Sichtbaren und dem Unsichtbaren nicht mehr?« Weil sie diese Fähigkeiten abstumpfen ließen, mit deren Hilfe sie die feinstofflichen Wirklichkeiten wahrnehmen, aber auch ihren Handlungen eine spirituelle Dimension verleihen könnten.[2] Sie sind nur empfänglich für das, was sie sehen oder berühren, das ist für sie die einzige Realität.

Jeder materielle Gegenstand hat also eine Entsprechung auf den feinstofflichen Ebenen, und die Menschen, die Nahrungsmittel, Waffen oder Werkzeuge in die Gräber legten, wussten, wie man diese mit Schwingungen, mit Energien präpariert, welche die Seele des Toten in sich aufnahm, um ihr Leben in den jenseitigen Welten weiterführen zu können. Selbst das Geldstück, welches man in gewissen Traditionen in den Mund des Toten steckte – was man vielleicht heute noch tut, um damit seinen Übergang ins Jenseits zu bezahlen, hatte seine Rolle zu spielen. Das Geldstück blieb natürlich im Grab, aber die Schwingungen, mit denen es imprägniert war, unterstützten die Seele auf ihrer Reise.

So erwähnt die griechische Mythologie Charon, genannt Fährmann der Unterwelt, der die Seelen gegen ein Scherflein in seiner Barke über den Fluss Acheron fuhr. Man sollte das nicht nur für eine einfache Fabel halten. Jeder rituelle Gegenstand verströmt Energien, welche die Seele braucht, um gut an ihren Bestimmungsort zu gelangen. Auf diese Weise müssen auch bestimmte Erzählungen und Beschreibungen aus dem tibetischen Totenbuch oder aus dem noch älteren ägyptischen Totenbuch interpretiert werden.

Die alten ägyptischen Priester wussten nicht nur, dass bestimmte Fluida den Gegenständen auf natürliche Weise entströmen, sondern sie kannten auch die Mittel, diese mit Hilfe magischer Riten zu verstärken, und durch ihre Ausstrahlung halfen diese Gegenstände den Seelen der Verstorbenen und schützten sie. Die Pharaonen und die hohen Würdenträger hatten selten ein vorbildliches Leben geführt und sie brauchten dringend diese Hilfe. Die Priester, die mit dieser Aufgabe betraut waren, taten für sie, was in ihrer Macht stand, aber diese Macht war begrenzt: Für die Pharaonen, wie für alle anderen Menschen auch, muss sich trotz allem die göttliche Gerechtigkeit erfüllen, und so waren die Wirkungen der von den Priestern durchgeführten Rituale nicht von langer Dauer.

Auch im Christentum tragen gewisse Überlieferungen die Spur dieses Wissens vom Leben der Verstorbenen. Ich kenne die Überlieferungen der

Katholiken und der Protestanten nicht, aber ich habe gesehen, wie die der Orthodoxen in Bulgarien praktiziert wurden. Zu bestimmten Zeiten im Jahr isst man in den Familien gekochten süßen Weizen mit Rosinen und trinkt dazu Wein. Natürlich sind es die Lebendigen, die essen und trinken, aber sie tun es, damit die Verstorbenen durch sie essen und trinken. Der Brauch, die Gräber mit Blumen zu schmücken, kann auch als ein Überleben dieser Traditionen angesehen werden. Aber heutzutage schmückt man die Gräber eher, um sie schön aussehen zu lassen. Wer glaubt schon daran, dass die Blumen eine lebendige Quintessenz besitzen, von der die Seelen der Verstorbenen sich nähren können?[3] Und das Gleiche gilt für die Grablichter, die Kerzen, den Weihrauch: All die Materialien, die man opfert, setzen Kräfte, Energien frei, die den Seelen helfen und sie unterstützen.[4]

Und woher, glaubt ihr, kommt wohl der Brauch, eine Grabrede zu halten, oder wenigstens einige mitfühlende oder lobende Worte in Bezug auf den Verstorbenen zu äußern, bevor man sich von ihm trennt? Auch das entstand ursprünglich aus Einweihungswissen: Die Verstorbenen sind äußerst empfindsam gegenüber Äußerungen, die von den Lebenden über sie gemacht werden, und auch bezüglich der Gedanken und Gefühle, die sie für sie hegen. Denn Worte und ebenso Gefühle und Gedanken rufen Schwingungen hervor, senden Wellen aus, welche die Seelen der Verstorbenen berühren.

Es ist immer von Interesse, die Praktiken des Totenkults aus früheren Zeiten zu kennen, sowie das, was davon noch übrig geblieben ist, und ihre Bedeutung zu verstehen. Aber das Wesentliche bleibt das Leben, das der jeweilige Mensch auf der Erde geführt hat. Ob man ihn zusammen mit Gegenständen begräbt, Zeremonien abhält oder Gebete für ihn spricht, das ist gewiss etwas Gutes, aber die Macht dieser Riten ist begrenzt. Was einem Menschen im Jenseits wirklich hilfreich ist, das sind die Tugenden, die er im Laufe seines Lebens praktiziert hat. Wenn er in Harmonie mit dem kosmischen Geist gelebt hat, mit den Gesetzen der ganzen lebendigen Natur, dann wird, was auch immer man mit seinem Körper nach dem Tode anstellen wird, ihn ein Licht durch die Schatten des Jenseits begleiten.

Ich werde nicht versuchen, diejenigen, welche die Realität eines Lebens nach dem Tode leugnen, davon zu überzeugen. Aber diejenigen, die das nicht in Zweifel ziehen, müssen wissen, dass es eine Fortsetzung ihres gegenwärtigen Lebens in einer anderen Form ist, und dass es deshalb jetzt vorbereitet wird. All das, was wir jeden Tag tun, hinterlässt Spuren an uns, die uns in die jenseitige Welt begleiten, das sind Einprägungen, die weiter fortwirken.

Einige Tage, nachdem die Seele den Körper verlassen hat, ist sie endgültig von ihm getrennt. Aber alles, was dieser Körper durchlebt hat, und was ihm in Form von Einprägungen hinterlassen wurde, ist unzerstörbar und übt weiterhin einen Einfluss auf die Seele aus. Eines Tages löst sich der Körper auf, aber die Seele bleibt von all seinen Aktivitäten durchdrungen. Darum ist es so wichtig, dass ihr euch immer um die beste Art und Weise bemüht, eure Energien zu verwenden.[5] Mit all dem, was ihr an Gutem und Schönem auf der Erde getan habt, könnt ihr weiterhin etwas in der anderen Welt aufbauen. Andernfalls könnt ihr nichts davon tun. Es genügt nicht, dass eure Seele vom Körper befreit ist, damit ihr Frieden, Freude und Licht im Jenseits erfahrt. Friede, Freude und Licht werden nur die Folge von dem sein, was ihr während eures irdischen Lebens realisieren konntet.

Aus diesem Grund ist auch die Art und Weise, wie ein Mensch seine letzten Momente lebt, so bedeutsam, und man darf das, was die Kirche die Sterbesakramente nennt, nicht unterschätzen. Etwas Bedauern für seine früheren Fehler zu zeigen, wird sie selbstverständlich nicht auslöschen, aber wenn dieses Bedauern aufrichtig ist, wenn es das Ergebnis eines besseren Verständnisses ist, wird im Augenblick des Sterbens etwas Gutes aufgezeichnet.

Wie viele Leute denken im Strudel ihrer täglichen Aktivitäten niemals daran, dass sie zu jedem beliebigen Zeitpunkt ihr Leben verlieren können! Oder sollten sie doch daran denken, bleibt der Tod für sie ein Wort bar jeden Inhalts. Dann, wenn die Stunde kommt, vollzieht sich in ihnen ein schreckliches Bewusstwerden, Gewissensbisse bemächtigen sich ihrer und sie haben das Empfinden, nichts aus ihrem Dasein gemacht zu haben. Es ist sehr gut, seine Fehler und die verlorene Zeit zu bedauern, aber damit dieses Bedauern nicht fruchtlos bleibt, muss man sich gleichzeitig mit dem Licht verbinden, denn es ist unser einziges Heil. Wo wir auch hingehen, es ist das Licht, das uns führt, und es ist für uns auch eine Nahrung.[6]

Anmerkungen

1. Siehe auch Band 226 der Reihe Izvor »Das Buch der göttlichen Magie«, Kap. III: »Der magische Stab«.
2. Siehe auch Band 219 der Reihe Izvor »Geheimnis Mensch – Seine feinstofflichen Körper und Zentren – Aura, Solarplexus, Harazentrum, Chakras«.
3. Siehe auch Band 226 der Reihe Izvor »Das Buch der göttlichen Magie«, Kap. IX: »Blumen und Düfte«.
4. Siehe auch Band 232 der Reihe Izvor »Feuer und Wasser – Wunderkräfte der Schöpfung«. Kap. II: »Das Geheimniss der Verbrennung«, Kap. X: »Das Feuer ist das Mittel der Verwirklichung«, und Kap. XIII: »Wie man das Feuer anzündet und erhält«.
5. Siehe auch Band 221 der Reihe Izvor »Alchimistische Arbeit und Vollkommenheit«, Kap. VIII: »Die Verwendung der Energien«.
6. Siehe auch Band 212 der Reihe Izvor »Das Licht, lebendiger Geist«.

## Kapitel 10

## Unsere Beziehungen zu den Familiengeistern

Ihr seid alle fähig, euch zu begeistern, wenn ihr eine spirituelle Wahrheit entdeckt, und ihr meint es aufrichtig, wenn ihr sagt, dass ihr in Zukunft in Harmonie mit ihr leben wollt. Aber es kommt vor, dass dieser Enthusiasmus sehr schnell wieder verfliegt. Warum? Weil die Bewohner von Milliarden von Zellen, aus denen euer Organismus besteht, nicht alle überzeugt sind. Mit dem Licht, das ihr gerade empfangen und dem guten Entschluss, den ihr gefasst habt, konntet ihr nur einige von ihnen ansprechen. Die anderen stellen sich taub, und wollen nicht in ihren Gewohnheiten gestört werden. Sie wehren sich, und da sie zahlreicher sind, gewinnen sie die Partie. Das Schwierige daran ist, wie man nun dieses ganze innere Volk mit sich ziehen kann.

Allein einem wahren Eingeweihten gelingt es, genügend weit in sein Inneres vorzudringen, um Verbindungen mit den Zellen all seiner Organe herzustellen, und sie zu beherrschen. Die allermeisten Menschen beherrschen nur einige Zellen des Gehirns, der Arme, der Beine; alle anderen entgehen ihrer Kontrolle. Manche haben mir anvertraut, dass sie morgens beim Erwachen manchmal das Empfinden haben, nicht wieder von ihrem Körper Besitz ergreifen zu können, so, als hätte sich während des Schlafes jemand in ihnen niedergelassen und ihnen den Zutritt verwehrt. Das ist nicht weiter schlimm, außer, wenn sich dieses Phänomen ausweitet oder sich oft wiederholt.[1] Ich musste diesen Personen also erklären, dass wir von zahllosen Geschöpfen bewohnt werden, denn jede unserer Zellen ist eine lebendige Wesenheit, und wir unser Möglichstes tun müssen, die Kontrolle über sie zu behalten.

Die menschliche Anatomie zu studieren, gleicht in etwa dem Aufzählen und beschreiben der verschiedenen Teile eines Gebäudes. Doch ist dieses Gebäude nicht leer, und die es bewohnen sind sehr verschieden. Natürlich beherbergen wir spirituelle Wesen, aber auch Tiere: Reptilien, Raubtiere, Vögel, Vieh, usw., einen ganzen Zoo! Sie sind selbstverständlich nicht physisch anwesend, aber im psychischen Bereich sind sie es in Form von instinktiven Regungen.[2]

Aber lassen wir die tierische Seite erst einmal beiseite... In diesem Gebäude, das jeder Mensch darstellt, sammeln sich auch all seine Vorfahren, all die vorangegangenen Generationen. Man bezeichnet sie mit dem abstrakten Begriff »Erbe«, aber in Wirklichkeit sind es ganz lebendige Geschöpfe, die ihn bewohnen, und ihn in alle Richtungen ziehen, sei es in gute oder schlechte.

Oh ja, das sollte man wissen, die Mitglieder eurer Familie, welche die Erde verlassen haben, vor allem eure Eltern und eure Großeltern kommen euch besuchen, denn sie interessieren sich dafür, was ihr tut und was aus euch seit ihrem Ableben geworden ist. Wenn sie sehen, dass ihr den Weg des Guten, des Lichts eingeschlagen habt, sind sie glücklich, wenn sie aber Rückfällen und Abstürzen zusehen müssen, fühlen sie sich von ihren Kindern verraten. Indem sie euch beobachten, werden auch sie dazu veranlasst, sich Fragen zu stellen über ihr eigenes Handeln während ihres Erdenlebens, aber auch über die Erziehung und das Beispiel, das sie euch gegeben haben. Sie verstehen, was sie vernachlässigten, wobei sie Irrtümer begingen und sie versuchen, sich in euch hineinzubegeben, um euch Ratschläge zu erteilen. Stoßt ihr also auf Schwierigkeiten oder müsst ihr Prüfungen durchstehen, dann könnt ihr euch an sie wenden und sie um Hilfe bitten.

Leider, auch das sollte man wissen, geben nicht alle diese Eltern gute Ratschläge. Warum? Weil sie oft versuchen, weiterhin durch ihre Nachkommen gewisse Vergnügungen zu kosten, denen sie, noch auf der Erde, sehr verhaftet waren. All diese Ahnen, welche die Einweihungswissenschaft Familiengeister nennt, trägt jeder von uns mit sich, samt ihren überholten Ansichten und ihren alten Gewohnheiten, was gewisse Absonderlichkeiten im Verhalten erklärt. So kann man Personen begegnen, die zu außergewöhnlichen Dingen fähig waren, für die sie keine Anstrengungen scheuten, aber denen es unmöglich war, sich einer schlechten Gewohnheit zu entledigen, was für andere eine Kleinigkeit gewesen wäre.

Ich erinnere mich an einen Bischof, der sich eines Tages Meister Peter Danov anvertraute. Er erklärte ihm: »Ich habe viele meiner Schwächen überwunden und kann nicht verstehen, warum es mir unmöglich ist, auf Schweinefleisch zu verzichten. Jedes Mal, wenn ich es esse, werde ich krank, und ich verspreche mir, es nie wieder anzurühren, aber es ist stärker als ich, ich fange wieder damit an.« Und der Meister antwortete ihm: »In Ihrer Familie haben Sie gewiss einen nahen oder entfernten Verwandten, der Schweinefleisch besonders liebte. Er ist so stark mit ihnen verbunden, dass es Ihnen nicht gelingt, sich von seinem Einfluss zu befreien; er ist es, der sich durch sie weiterhin an diesem Fleisch gütlich tut.

Es gibt eine umfangreiche Literatur über die Familiengeister und deren verschiedene Manifestationen, ich will mich über dieses Thema nicht weiter auslassen, sondern euch nur einige grundlegende Informationen dazu geben.

Ich verstehe, dass dies für euch schwer zu glauben ist, und doch ist es die Wahrheit. Manche eurer Tugenden, eurer Fähigkeiten, aber auch eurer Schwächen, sind oft die Manifestationen eines

Verwandten, der, wenigstens für den Moment, seine Bleibe in euch gewählt hat. Ihr seid von Gedanken, Gefühlen und Wünschen bewohnt oder manche Personen oder Dinge ziehen euch an und andere stoßen euch ab, und ihr glaubt, dass ihr es seid, der sich frei ausdrückt oder handelt. Ganz und gar nicht! Es sind oft andere in euch, die reagieren, die fordern. Weshalb entzieht sich vorläufig den Psychologen und all denen, die sich beruflich mit den Ausdrucksformen der menschlichen Psyche befassen, die wahre Realität des menschlichen Wesens? Weil sie niemals gelernt haben, dass er die Summe der Vielzahl von Wesen ist, die er in sich birgt, und von denen er meist nicht weiß, wer sie sind, und was sie durch ihn verwirklichen wollen.

Das, was bewirkt, dass ein Mensch auf diese oder jene Art und Weise denkt, fühlt oder handelt, bleibt ein großes Mysterium. Darum gebe ich euch folgenden Rat. Ihr habt vielleicht nahe Verwandte oder andere Personen, die euch sonst sehr nahe stehen, die mit dem spirituellen Weg, dem zu folgen ihr euch entschlossen habt, nicht einverstanden sind. Sie finden, dass ihr eure Zeit vergeudet, in die falsche Richtung geht. Lehnt es nicht ab, mit ihnen zu sprechen, versucht, ihnen begreiflich zu machen, warum ihr diesen Weg gewählt habt. Selbst wenn sie euch nicht glauben, selbst wenn sie es nicht akzeptieren, sprecht zu ihnen.

Ihr sollt ihnen keine Moralpredigt halten, oder lange Vorträge, aber von Zeit zu Zeit, in einer Unterhaltung oder hinsichtlich eines Ereignisses, flechtet ein paar Worte ein. Selbst wenn sie protestieren oder so tun, als ob sie nicht zuhörten, wird der Gedanke, den ihr formuliert, eine segensreiche Einprägung in ihnen hinterlassen. Wisst ihr, was sonst geschehen kann? Wenn diese Verwandten einmal die Erde verlassen haben, werden sie euch weiterhin von eurem Ideal abbringen wollen, und sie werden sich bei euch einschmeicheln und ihre Argumente vorbringen; und wenn sie dann erfolgreich Zweifel in euch gesät haben, werdet ihr glauben, dass diese Zweifel von euch stammen und ihr werdet schließlich kapitulieren.

All das ist neu für euch, nicht wahr? Aber es ist die Wahrheit. Ich sage euch, man weiß nicht sehr viel von der menschlichen Psyche. Und ich kann euch noch etwas mitteilen. Wenn ihr mich sprechen hört, glaubt ihr, dass nur ihr hier im Saal seid. Nun, das stimmt nicht, es sind auch Wesenheiten aus der unsichtbaren Welt anwesend, die mir ebenso zuhören, manche sind nicht inkarnierte Seelen und unter ihnen befinden sich Mitglieder eurer Familie, die schon die Erde verlassen haben. Sie kommen euretwegen, und wer sensibel ist, kann manchmal ihre Gegenwart spüren.

Welche Schlussfolgerung könnt ihr jetzt aus dem ziehen, was ich euch hier erkläre?... Da jeder Generationen von Menschen in sich trägt, deren Abkömmling er ist, wird es ihm dadurch, dass er über seine Schwächen triumphiert, gelingen, seine ganze innere Familie auf den Weg des Lichts und der Befreiung mitzunehmen. Er trägt auf unbeschreibliche Weise zum Wohl all seiner Vorfahren und natürlich auch seiner Nachfahren bei, denen er die Reichtümer, die er erworben hat, überträgt. Es ist umso wichtiger, an sich selbst zu arbeiten, als man dadurch ganze Generationen verbessern kann, denn man vererbt ihnen die Früchte seiner Bemühungen. Weder leben noch handeln wir nur für uns allein, sondern für eine große Anzahl anderer Geschöpfe, für die wir ebenso verantwortlich sind.

Das sind nur einige Worte zum Thema Familiengeister. Wenn ihr euch entschließt, den Weg des Lichts zu beschreiten, befreit ihr euch nicht nur von ihrem verderblichen Einfluss, sondern ihr erzieht sie auch, ihr erhellt sie und nehmt sie mit euch mit. Lasst also in euren Bemühungen nicht nach, und wenn sie sich weigern, euch zu folgen, lasst sie und setzt euren Aufstieg zu den Gipfeln fort. Ab einer gewissen Höhe sind diese widerspenstigen Geister gezwungen, euch zu verlassen, sie können die dünne Höhenluft nicht ertragen und sie geben auf. Strebt zu den Regionen des Lichts. Auch dort wohnen Geistwesen, sehr mächtige Geistwesen; bittet sie um Hilfe, sie reichen euch ein Seil, ihr ergreift es und sie werden euch bis zu sich hinaufziehen.

Seid ihr nicht schon ein wenig darauf vorbereitet, mich zu verstehen?

Anmerkungen

1. Siehe auch Band 228 der Reihe Izvor »Einblick in die unsichtbare Welt«, Kap. XV: »Wie man sich im Schlaf schützen kann«.
2. Siehe auch Band 221 der Reihe Izvor »Alchimistische Arbeit und Vollkommenheit«, Kap. IV: »Das Erbe aus dem Tierreich«.

## Kapitel 11

## Was ist der Wille Gottes?

An vielen Stellen des Alten Testamentes wendet sich Gott an die Patriarchen und an die Propheten, um ihnen Seinen Willen kundzutun. Er beauftragt Noah, eine Arche zu bauen, um seine Familie darin in Sicherheit zu bringen, und ein Paar von jeder Tiergattung, weil er eine Sintflut über die Erde kommen lassen würde. Er forderte Abraham auf, sein Vaterland zu verlassen, und Moses, sein Volk aus Ägypten zu führen. Joshua gab er Instruktionen, um die Stadt Jericho einzunehmen, und so weiter und so fort.

Und dem Propheten Jona befahl Gott, nach Ninive zu gehen, um anzukündigen, dass die Stadt zerstört würde, sollten die Bewohner keine Reue zeigen. Aber anstatt zu gehorchen, bestieg Jona ein Schiff, das nach Tarsis* fuhr, also an einen Ort, so weit entfernt wie irgend möglich von dieser Stadt, zu der er sich begeben sollte. Ein gewaltiger Sturm erhob sich während der Überfahrt und Jona, der für schuldig befunden wurde, durch seinen Ungehorsam den Zorn Gottes heraufbeschworen zu haben, wurde von den Seeleuten ins Meer

* Eine Stadt im Westen Spaniens.

geworfen, wo er von einem riesigen Fisch verschlungen wurde, der Überlieferung nach von einem Walfisch. Und der Sturm beruhigte sich. Nach drei Tagen und drei Nächten, in denen Jona im Bauch des Walfisches alle Zeit hatte, über seinen Ungehorsam nachzudenken und ihn zu bereuen, »befahl der Herr dem Fisch, Jona auf das trockene Land auszuspeien« (Jona 2,11).

Lange Zeit, und auch noch heutzutage, schlossen zahllose Gläubige aus diesen Erzählungen und auch aus vielen anderen Berichten in den heiligen Büchern der meisten Religionen, dass Gott sich an die Menschen wendet, um ihnen Seinen Willen zu diktieren: Geh dort hin, tu dies und das; und wenn sie nicht gehorchen, rufen sie Seinen Zorn hervor und werden bestraft. Aber nein, auf diese Weise ergreift Gott nicht das Wort.[1]

Ihr wendet ein: »Aber dann spricht Gott niemals zu uns?« Doch, doch, Er spricht jeden Tag, jeden Augenblick zu uns. Er sagt euch: »Sei standhaft in der Weisheit, der Liebe und der Wahrheit.« Und es liegt dann an euch, herauszufinden, wie und wo ihr diese drei Tugenden am besten zum Ausdruck bringen könnt; sonst werdet auch ihr, wie Jona, ins Meer geworfen und von einem Wal verschluckt. Aber ja, denn es gibt verschiedene Arten von Walen: Krankheiten zum Beispiel, und all die Situationen, die euch begrenzen, euch einengen und leiden lassen. Sie haben euch verschluckt, weil ihr nicht auf die Stimme Gottes in euch gehört habt, die euch den

Weg des Lichts zeigte, wo ihr bei guter Gesundheit, frei und im Frieden hättet leben können. Und Groll und Eifersucht sind ebenfalls Wale...

Glaubt daher nicht, dass Jona der Einzige ist, der aufgrund seines Ungehorsams von einem Wal verschlungen wurde. Euch ergeht es genauso. Und wie er macht auch ihr während drei Tagen und drei Nächten – natürlich ist diese Zahl symbolisch gemeint – eine Rückbesinnung auf euch selbst, um eure Irrtümer zu erkennen. Dann wird Gott, das heißt euer höheres Selbst, das Wort ergreifen und ihr werdet zur Freiheit zurückfinden.

Wie viele Gläubige stellen sich in Bezug auf den Willen Gottes wirklich sehr naive Fragen! Sie stellen sich vor, Er äußere – sie betreffend – Seinen Willen auf besondere Art: bezüglich ihres Wohnortes, ihres Berufes und so weiter. Will Er, dass sie heiraten, dass sie Kinder haben oder unverheiratet bleiben, um sich Ihm zu weihen? Verlangt Er von ihnen, dass sie diese oder jene Person unterstützen oder im Gegenteil bekämpfen? Der Wille Gottes äußert sich in Wirklichkeit für jeden unabhängig von einer bestimmten Fragestellung. Gott will lediglich, dass der Mensch forscht und dann Seine Gesetze begreift, welches die Gesetze des Lebens sind, und dass er sich dann bemüht, diese auch anzuwenden.

Sicher, jeder ist persönlich vom Willen Gottes betroffen, aber er wird erst erkennen, was Gott von ihm erwartet, nachdem er das Prinzip, das dem göttlichen Willen zugrunde liegt, erforscht hat. Nur derjenige, der beginnt, sich mit dem göttlichen Willen als Prinzip in Einklang zu bringen, vermag zu erkennen, was Gott wirklich von ihm erwartet. Wenn er diese Bedingung nicht erfüllt, wird das, was er für den göttlichen Willen hält, nur das Produkt seiner Vorstellung, seiner Wünsche oder seiner Launen sein.

Den Willen Gottes zu kennen, setzt zunächst voraus, dass wir lernen, Ihn zu erkennen, Ihn, als Weisheit, Liebe und Kraft. Er hat uns deshalb nach Seinem Bilde geschaffen, damit wir uns Seiner Vollkommenheit annähern. Indem wir immer diesen Gedanken der Vollkommenheit in uns bewahren, werden wir uns gelenkt und geleitet fühlen, um den Willen Gottes in unserem persönlichen Leben zu erfüllen.

Und mögen die Religionen, welche auch immer, jetzt endlich damit aufhören zu predigen, Leid und Unglück seien von Gott gewollt! Nein, es ist der Wille Gottes, dass die Menschen sogar die Erzengel an Schönheit und Licht übertreffen. Sie stecken nur deswegen im Elend und leiden, weil sie im Gegenteil gewählt haben, nicht die göttlichen Wege zu beschreiten; sie haben verschlungene Pfade beschritten, die ihnen besser gefielen, und es sind weder die anderen noch die Umgebung noch die Gesellschaft oder die äußeren Bedingungen, und noch weniger der Herr, die dafür verantwortlich sind, sondern sie selbst.[2] Wenn ihr euch daher in einer schwierigen, schmerzhaften Situation befindet, beschuldigt niemand anderen als euch selbst.

Von dem Augenblick an, wo ihr euch aufrichtig entschließt, den Willen Gottes zu erfüllen, nähert ihr euch Ihm. Und was sagt Er euch dann? »Ich bin in allen Geschöpfen gegenwärtig, und jedes Mal, wenn ihr ihnen Leben, Wärme, Licht bringt, werdet ihr mir dienen. Nehmt euch ein Beispiel an der Sonne.«[3] Um fähig zu sein, dem Willen Gottes zu dienen, muss man sich also lange Zeit vorbereiten, denn es ist keineswegs leicht, so wie die Sonne Leben, Wärme und Licht zu spenden. Wie könnten wir Ihm sonst wohl dienen? Indem wir uns aufmachen, all diejenigen, die wir als Ungläubige, Untreue oder Ketzer betrachten, zu bekehren oder umzubringen?

Ihr tut den Willen Gottes, wenn ihr euch bemüht, Ihm in den anderen zu dienen. Das hat für euch zur Folge, dass sich der Kreis eurer Beschäftigungen und Aktivitäten erweitert, und ihr lernt und bereichert euch innerlich dabei.

Anmerkungen

1. Siehe auch Band 241 der Reihe Izvor »Der Stein der Weisen – Von den Evangelien zur Alchimie«, Kap. I: »Über die Deutung der Schriften: 2. Das Wort Gottes«.
2. Siehe auch Band 242 der Reihe Izvor »Unerschöpfliche Quellen der Freude«, Kap. III: »Das Leiden als Antrieb«.
3. Siehe auch Band 242 der Reihe Izvor »Unerschöpfliche Quellen der Freude«, Kap. XIII: »Und ihr werdet alle Wesen auf den Weg der Freude führen«.

## Kapitel 12

# Im Dienste des göttlichen Prinzips

Je weiter ihr im Leben voranschreitet, desto mehr werdet ihr euch bewusst, dass verschiedene Neigungen in euch wohnen, von denen einige besser als andere sind. Aber bewusst werden genügt nicht, ihr müsst die Notwendigkeit begreifen, unter all diesen Neigungen eine Auswahl zu treffen, um euch auf diejenigen zu konzentrieren, die ihr als die edelsten und aufbauendsten empfindet. Auf diese Weise werdet ihr nach und nach in euch die Gegenwart von etwas Lichtvollem, Mächtigem spüren, was ihr zuvor nicht kanntet. Dies ist die Gegenwart des göttlichen Prinzips, das in euch wohnt, und das darauf wartet, dass ihr euch in seinen Dienst stellt.[1] Sich in den Dienst des göttlichen Prinzips stellen heißt, jeden Tag moralische, spirituelle Werte zu finden, die es verdienen, dass ihr ihnen den ersten Platz einräumt.

In seinen Gleichnissen hat Jesus mehrfach das Bild des Dieners verwandt. Aber das Wort Diener gefällt den Menschen nicht besonders, denn sie wissen es nicht auf die richtige Weise zu interpretieren. Für sie bedeutet dienen, Sklave zu sein, seine Freiheit zu verlieren zugunsten von jemandem außerhalb von ihnen. Sie haben nicht verstanden, dass seit jeher ein Wesen in ihnen existiert, dem zu dienen sich lohnt, und dass die Freiheit eben gerade darin besteht, sich in seinen Dienst zu stellen.[2]

»Ich will mein Leben leben«, sagen die jungen Leute, wenn sie ihre Unabhängigkeit fordern. Aber Gott hat ihnen das Leben nicht gegeben, damit sie ihre Begierden und ihre egoistischen Vergnügungen befriedigen. Das Leben steht nicht in unserem Dienst. Wir sind es, die Diener des Lebens, des göttlichen Lebens werden müssen. Denn sonst werden wir Diener des Todes.

Es ist selbstverständlich nicht verboten, der mehr oder weniger aufgeklärten Bevormundung einer Familie oder Umgebung entkommen zu wollen. Aber dieses Leben, das jeder leben möchte, wird er nur dann wirklich leben, wenn er es in den Dienst des göttlichen Prinzips in sich stellt. Sonst wird ihn die Freiheit, die Unabhängigkeit, die er dadurch glaubt erlangt zu haben, dass es ihm gelungen ist, sich der Autorität anderer Personen zu entziehen, mit absoluter Sicherheit in die Sklaverei führen. Wirkliche Freiheit gibt es nur im Schoße des Ewigen, wenn der Mensch sich mit Ihm und ebenso mit all den sichtbaren und unsichtbaren Geschöpfen verbindet, die Träger des reinen Lebens sind, um an ihrer Arbeit mitzuwirken.

Das Wort Diener bezeichnet normalerweise die Position eines untergeordneten Menschen, der einem Herrn gehorchen muss. Der Herr ist reich, und oft vollbringt er nichts Besonderes, während der mit Arbeit überlastete Diener nur einen mageren Lohn empfängt. Aber genau das geschieht in den menschlichen Gesellschaften, wo die Herren oft egoistisch und eitel sind. Gott jedoch dienen bereits Legionen von Engeln, was können Ihm die armseligen Menschen noch bringen? Es liegt also in ihrem Interesse, Ihm zu dienen, denn indem sie für den Herrn arbeiten, gelingt es ihnen, an Seinem eigenen Leben teilzuhaben; und das göttliche Leben, das ist das Licht, der Friede, die Kraft, die Liebe, die Freude und die Freiheit. Es heißt in den Psalmen (116,16): »Oh Ewiger, ich bin dein Diener... Du hast meine Ketten gelöst...« Wenn wir uns daher in den Dienst Gottes stellen, das heißt, in den Dienst dessen, was in uns am großartigsten und edelsten ist, dann befreien wir uns.

Ja, im Gegensatz zu den Dienern der Menschen wird ein Diener Gottes immer freier und auch reicher. Aber unter der Bedingung, dass er Gott dient. Sich nicht in den Dienst von Leuten begeben, die ihn ausbeuten, das ist bereits etwas, aber das genügt nicht, damit sich jemand als Diener Gottes bezeichnen kann. Wie viele dienen, ohne es zu wissen, einem und sogar mehreren Herren! Und wer sind diese Herren? Ihre Gelüste und ihre Begierden, ihr Ehrgeiz... Sie sind sich dessen nicht bewusst, aber gerade da beginnen sie, sich wirklich Fesseln anzulegen und zu verarmen. Allein derjenige kann ein Diener Gottes werden, der weiß, seine Energien, seine Fähigkeiten zu nutzen, und zu welchem Zweck.

Wie viele Leute, selbst in den zivilisierten Ländern, geben sich mit einem Leben zufrieden, das sich nicht besonders von dem der Tiere unterscheidet: sich ernähren, schlafen, wohnen, sich fortpflanzen. Sie stehen im Dienste ihrer physischen Bedürfnisse, und um diese zu befriedigen, setzen sie all die ihnen vom Schöpfer verliehenen Fähigkeiten in Bewegung. Andere, weiterentwickelte, stellen sich in den Dienst der Kunst, der Wissenschaft, der Philosophie. Aber wenn sie denken, es gäbe nichts darüber hinaus, irren sie sich. Künstler, Philosoph oder Wissenschaftler werden, damit hört die Bestimmung des Menschen nicht auf. Die Bestimmung des Menschen besteht darin, noch viel höhere Fähigkeiten zu entwickeln, die ihn mit dem göttlichen Prinzip in seinem Innern in Kontakt bringen. Sobald es ihm gelingen wird, diesen Kontakt herzustellen, wird das göttliche Prinzip seine physischen, psychischen und spirituellen Fähigkeiten durchdringen, und er wird zu einem wahren Schöpfer.

Wer sich in den Dienst des göttlichen Prinzips stellt, dient keiner Person oder Sache außerhalb von sich; darum ist es unmöglich, dass er seine Freiheit verliert, im Gegenteil, er erobert sie. Das ist die Grundlage der Religion. Und solange die Menschen nicht danach streben, Gott in sich selbst zu entdecken und Ihm zu dienen, werden sie von Ihm nur eine unvollständige Vorstellung oder ein verzerrtes Bild haben. Und es ist normal, dass der Gedanke, sich in den Dienst einer Macht zu stellen, die sich, man weiß nicht wo, befindet, und die vielleicht nicht einmal existiert, für manche unerträglich ist.

Daher wird die Idee des Dienens, des Dieners nur dann korrekt verstanden und akzeptiert, wenn der Mensch sich bewusst wird, dass die Gottheit, der man dienen soll, sich in ihm selbst befindet. Je mehr er sich in ihren Dienst stellt, desto mehr nähert er sich ihr und tritt mit ihr in Kommunikation. Dank seiner Arbeit gelingt es ihm, die Verkrustungen aufzulösen, die sich in ihm durch seine niederen Gedanken, Gefühle und Begierden gebildet haben, und er entdeckt die Quintessenz seines Wesens. Da sich kein besseres Wort finden lässt, können wir diese Quintessenz »Licht« nennen.

Unter all dem, was sichtbar ist, bringt das Licht die spirituelle Welt am besten zum Ausdruck. Es erlaubt uns zu sehen, ist selbst aber nicht greifbar. Deshalb setzt man Gott oft mit dem Licht gleich. Man sagt, Gott sei Licht, aber welches Licht? In Wirklichkeit kennen wir das Licht nicht; das, was wir so nennen, ist wiederum eine grobe Manifestation einer weit darüber hinausreichenden Kraft und diese hat es auf sich genommen, sich in der Form eines Leuchtens, einer Schwingung zu manifestieren. Gott ist also viel mehr als die Vorstellung, die uns das Licht vermitteln kann. Und nichts vermag uns eine Vorstellung von Ihm zu geben, nichts kann Ihn beschreiben, ausgenommen das, was wir in uns entdecken können, sobald wir uns in Seinen Dienst stellen. Aber auch in dem Moment, selbst wenn wir beschreiben können, was wir erleben, was wir empfinden, können wir noch nicht sagen, was Gott ist.

Und denken die Menschen daran, dass sie auch den anderen helfen können, diesen Gott zu finden, der in ihnen ist, und Ihm zu dienen? Die Wahrheit ist, dass man sie meist damit beschäftigt sieht, sich gegenseitig nach unten zu ziehen. Nehmen wir nur den Bereich der Gesundheit: Jemand entschließt sich, mit dem Rauchen oder Trinken aufzuhören. Nun, es wird in seiner Umgebung immer einige Leute geben, die ihm sagen werden, ein kleines Gläschen oder eine Zigarette könne ihm doch wohl nicht schaden. Einem anderen schlägt man vor, es mit Drogen zu versuchen, indem man sagt: »Du wirst sehen, die Erfahrung muss man machen.« Und reden wir nicht vom moralischen und spirituellen Bereich. Wer in einer Welt von Betrügern ehrlich bleiben will, dem sagt man: »Sei doch nicht albern, warum all diese Skrupel? Mach es wie die anderen!« Und demjenigen, der sagt, dass er glaube, dass er bete, dem antwortet man; »Was? Du glaubst etwa noch an diesen Quatsch?«

Beobachtet, was um euch herum und in der Welt geschieht: Ihr werdet so viele Fälle entdecken, wo die Menschen damit beschäftigt sind, sich gegenseitig auf Wege zu führen, auf denen sie nur den physischen und psychischen Untergang erfahren können! Seht nur, womit man sie beschäftigt, sie zerstreut, sie unterhält. Und all das, was man ihnen präsentiert, um ihre Begehrlichkeiten anzustacheln! Wie sollen sie verstehen, dass sie dadurch frei sein werden, dass sie sich in den Dienst Gottes stellen?

Was muss nicht alles klargestellt werden, um endlich die richtige Richtung zu finden! Jeden Tag nehmen uns so viele Dinge in Anspruch, wühlen uns auf oder bringen uns ins Wanken! Darum besteht die erste Aufgabe darin, klar zu sehen: klar zu sehen, um eine Auswahl zu treffen, und uns auf die Aktivitäten zu konzentrieren, die uns helfen, zu graben, tief in uns einzudringen, um das Licht zu entdecken.

Aber die Menschen sind wirklich einzigartig! Viele sagen, dass sie das Licht suchen und man kann ihre Aufrichtigkeit nicht bezweifeln; sie haben begriffen, dass es besser ist, im Hellen als im Dunkeln zu leben. Aber sie wollen ein Licht, das keine Anstrengungen erfordert, daher halten sie nirgends inne, um eine Arbeit, die in die Tiefe geht, zu verrichten. Sie lesen ein Buch nach dem anderen, gehen von einer spirituellen Lehre zur nächsten, und das nennen sie dann »das Licht suchen«. Und immer neue spirituelle Bewegungen treten jetzt in Erscheinung, immer neue »Einweihungen« kommen zu denen der Vergangenheit hinzu, die man wieder zu neuem Leben erwecken will. Ihr Spaziergang ist noch nicht zu Ende. Oh ja, sie gehen spazieren, sie lassen sich treiben und bewegen sich immer an dem vorbei, was ihnen eigentlich helfen könnte. Und so tappen sie immer noch im Finstern, wenn sie ans Ende ihres Lebens gelangen, obwohl sie das Licht suchen.

Wenn ich höre, was Leute von sich geben, die doch intelligent und belesen sind, staune ich nur! Sie stehen da und erklären sehr ernsthaft ihre Lebensphilosophie, so, als ob sie alle Weisheit und Erfahrung der Welt ausdrücken würden; in Wirklichkeit, vom Standpunkt der Einweihungswissenschaft aus gesehen, reden sie wie Kinder der Grundschule, die noch nicht wissen, dass B plus A, BA ergibt. Aber ja, sie wissen nichts vom Alphabet des Lebens; sie wissen nicht einmal, wo dieser Gedanke, jenes Gefühl, dieser Wunsch oder jene Handlung sie hinführen wird. Sie glauben, eine bestimmte Richtung einzuschlagen, wo sie doch dabei sind, eine andere, entgegengesetzte zu nehmen.

Wir müssen uns in den Dienst all dessen stellen, was es in uns an Reinstem, Edelstem und Lichtvollstem gibt. Und uns in seinen Dienst stellen bedeutet, ihm die Möglichkeit zu geben, sich auch zu manifestieren. Genau das bedeutet, ein Diener Gottes zu sein. Alle Menschen tragen diesen Elan hin zum Licht in sich, aber sie behindern ihn, weil sie immer auf der Suche nach der Leichtigkeit sind. Und darum sollten wir auf die Stimme unserer höheren Natur hören, die uns rät, weniger träge zu sein. Ja, denn es genügt nicht, dem Herrn dienen zu wollen, damit man auch ein guter Diener ist, muss man sich vorbereiten, lernen und sich üben.

Seht nur, was sich im täglichen Leben abspielt: Ist der Erstbeste, unter dem Vorwand, dass er es aufrichtig wünsche, in der Lage, ein guter Angestellter, ein guter Sekretär, ein guter Minister zu sein? Nein, er muss entsprechende Kenntnisse erworben haben und bestimmte Fähigkeiten und Eigenschaften mitbringen. Das gilt umso mehr, wenn es darum geht, in den Dienst des Herrn zu treten. Was wird derjenige tun, der sich nicht vorbereitet hat? Wie vielen Irrtümern wird er unterliegen! Er wird glauben, in den Dienst des Herrn eingetreten zu sein und in Wirklichkeit bleibt er der Diener seiner Vorurteile, seiner Voreingenommenheit und seiner Illusionen. Und eben das tut der Fanatiker: Unter dem Vorwand, Gott zu dienen, macht er es sich zur Aufgabe, diejenigen zu bekämpfen, die er als »Ungläubige, Abtrünnige« und so weiter bezeichnet. In Wirklichkeit ist er nur der Diener finsterer Wesenheiten, die danach streben, mit seiner Hilfe ihre schändlichen Pläne zu verwirklichen.

Um ein guter Diener Gottes zu werden, muss man sich Ihm weihen, das heißt bildlich gesprochen, man muss sein Wesen von allen ungebetenen Gästen befreien. Bevor er die Messe hält, beginnt der Priester damit, aus all den Gegenständen, derer er sich bedient, unreine Geister auszutreiben und sie zu weihen, sowie den Weihrauch, den Wein, die Hostien, das Öl, die heiligen Bücher und sogar die Gewänder, die er tragen muss. Denn selbst wenn niemand sie berührt hat, sind diese Gegenstände all den Strömungen, die den Raum durchqueren, ausgesetzt und sie haben Unreinheiten aufgenommen.

Und auch für sich selbst spricht der Priester Worte der Reinigung und Weihung, um sich würdig zu machen, ein Mittler zwischen Gott und den Menschen zu sein. Aber die anwesenden Gläubigen schauen zu und begreifen nicht viel. Wozu dient das also? Ihr könnt zur Messe gehen, ihr könnt allen Gottesdiensten beiwohnen, in Ordnung, ich habe nichts dagegen, aber bemüht euch wenigstens zu begreifen, was sich vor euren Augen abspielt.

Wenn die Christen die Gesten des Priesters, der die Messe lesen wird, wahrhaft begreifen würden, wüssten sie, warum auch sie ihr ganzes Wesen zu einem Ort machen müssen, der nur für geladene Gäste zugänglich ist. Wozu dient es, dass sie sich Christen nennen? Sie betreiben einen riesigen Aufwand an Energie und Mitteln, um ihr Haus und all ihre Güter vor Eindringlingen und Dieben zu schützen, sie bringen überall Mittel aus, um ihre Felder und ihre Gärten vor schädlichen Insekten zu schützen, aber innerlich, da haben sie weder Türen noch Fenster, selbst die Mauern stehen manchmal nicht mehr, und Diebe, Insekten und alle chaotischen Strömungen zirkulieren frei. Die Ärzte und Psychologen geben den Störungen und Krankheiten, die sich daraus ergeben, sehr wissenschaftliche Namen, aber derjenige, der in der Einweihungswissenschaft unterrichtet ist, wird ganz einfach sagen: Der Betroffene hat nicht gewusst, wem und was gegenüber er sich öffnen darf, beziehungsweise sich verschließen muss.

Daher müssten die Menschen eher auf psychischer Ebene daran denken, sich zu schützen, denn von da droht ihnen die größte Gefahr. Jedes Geschöpf kann mit seinem Magnetismus, mit seinen fluidalen Elementen, aus denen es besteht, immer zum Guten, jedoch auch zum Bösen benutzt werden. Aber wie viele sind sich dessen bewusst? Jemand wird sagen: »Oh, ich bin nie unehrlich gewesen. In meiner Familie, bei meiner Arbeit bin ich ein unbescholtener Mensch.« Und doch hat er, ohne es zu wollen und ohne sein Wissen an kriminellen Machenschaften mitgewirkt. Wie? Weil er negative Zustände in sich genährt hat, und weil diese Zustände eine Art fluidaler Materie sind, derer sich finstere Wesen der unsichtbaren Welt bemächtigt haben, um ihre schändlichen Vorhaben auszuführen. Denkt man daran, die Menschen über diesen Sachverhalt aufzuklären? Nein, und dabei geht es doch allen nur noch ums Nehmen und Sich-Einverleiben.

Solange ihr daher nicht euer ganzes inneres Wesen geweiht habt, könnt ihr nicht sicher sein, wofür eure Energien und euer Leben verwandt werden. Viele andere mit üblen Absichten können sich eurer Kräfte bedienen. Und das ist dann ein doppelter Verlust für euch: Ihr seid nicht nur etwas sehr Wertvollem beraubt worden, sondern die lichtvollen Wesenheiten werden es auch aufgeben, ihre Hilfe und ihren Segen unbewussten Wesen zu bringen, die sie nicht zu schätzen wissen, da sie es ja zulassen, dass die bösartigen Wesen sich ihrer bemächtigen, um sie für ihre finsteren Pläne zu benutzen.

Nichts von dem, was ihr lebt, bleibt ohne Folgen, nichts. Sagt daher, sooft ihr könnt: »Oh ihr himmlischen Wesen, ich stehe euch zur Verfügung, benutzt all meine Kräfte.« Auf diese Weise werdet ihr ein guter Diener Gottes, der an der Arbeit seines Herrn teilnimmt. Es wird nicht von euch verlangt, übermenschliche Aufgaben zu vollbringen, sondern einzig, jede eurer Aktivitäten dem Herrn zu weihen, um zum Wohl der Menschheit beizutragen.

Im Verlauf eines Tages könnt ihr eine gewisse Müdigkeit verspüren und das Bedürfnis haben, euch ein wenig gehen zu lassen, das ist normal, aber ihr sollt wissen, dass ihr in dem Moment ohne Verteidigung seid. Um euch zu schützen, wendet euch mit folgender Bitte an den Herrn: »Herr, ich bin gerade ein wenig müde, ich weiß nicht, womit ich Dir dienen kann, aber ich stehe Dir zur Verfügung.« Kein »Feind« hat dann das Recht, bei euch einzudringen, um euch zu benutzen, ihr gleicht einem geschützten Raum.

Und umso mehr müsst ihr jeden Abend vor dem Einschlafen solche Vorsichtsmaßnahmen treffen, in dem Bewusstsein, dass es in der jenseitigen Welt eine Polizei gibt, die darauf achtet, dass die Eigentumsrechte respektiert werden.[3] Diese Polizei der jenseitigen Welt kümmert sich darum, diejenigen aufzuspüren, die sich betrügerisch in euch einzuschleichen versuchen, und sagt zu ihnen: »Du willst in diese Wohnstätte gewaltsam eindringen, du willst diesem Menschen schaden? Aber das ist nicht erlaubt, er hat sich dem Himmel geweiht, er gehört dem Herrn, er ist Sein Diener. Verschwindet!«

Warum sollte sich nur der Priester vorbereiten, um sich vor Gott zu zeigen? Sich dem Dienst des Herrn zu weihen, ist die Berufung all Seiner Söhne und Töchter. Wir müssen uns daher mit unserem gesamten Körper dem Dienst Gottes weihen, mit unseren Gliedmaßen, unseren Organen, damit sie die Verwahrer und Übermittler von reinen Energieströmen werden.

Worte der Weihung auszusprechen, ruft Veränderungen in den Schwingungen von Gegenständen und Geschöpfen hervor. Da jenseits der physischen Ebene andere, feinstoffliche Ebenen existieren, wird schließlich das, was auf diesen feinstofflichen Ebenen geschieht, die physische Ebene beeinflussen. Ein Vater und eine Mutter, die ihr Kind von Geburt an dem Herrn weihen, gravieren Spuren in seine psychische Materie, dank derer es in eine lichtvolle, göttliche Richtung gelenkt werden wird. Es wird segensreiche Kraftströme empfangen, während die finsteren Strömungen umgeleitet werden.

Die Unwissenden wiederholen nur in einem fort: »Ich will mein Leben leben!« Lasst sie reden, und ihr, bemüht euch, zu verstehen, dass ihr euer Leben in seiner Fülle leben werdet, indem ihr euch dem Herrn weiht. Warum sollte Er uns ein Leben vorenthalten, das Er uns gegeben hat? Erstens enthält Er es uns nicht vor, und außerdem lässt Er uns Tag für Tag all Seine Reichtümer entdecken.

Begebt euch daher am Abend, im Augenblick des Einschlafens, in die Hände des Herrn und sagt: »Mein Gott, ich möchte mich in Deinen Dienst stellen. Verfüge über mich.« Das ist eine sehr einfache Formel, wiederholt sie aus ganzem Herzen. Und prüft am nächsten Tag, ob es wirklich Gott ist, dem ihr in euren Gedanken, euren Gefühlen und euren Handlungen dient. Denn es genügt nicht, sich am Abend bereit zu erklären, Gott alles zu geben und am folgenden Tag alles egoistisch für sich zu behalten. Und da Gott in allen menschlichen Seelen und in der gesamten Natur gegenwärtig ist, müsst ihr auch ihnen jeden Tag etwas geben, wenigstens einen Gedanken, einen liebevollen Blick.

Wir sind auf die Erde gekommen, um am schöpferischen Wirken teilzunehmen. Jesus sagte: »Mein Vater wirkt bis auf diesen Tag, und ich wirke auch.« (Jh 5,17) Diese Arbeit, dieses Tätigsein mit Gott, für Gott, ist das letzte Wort der

Einweihung. Alles, was ihr Gott gebt, erhebt ihr auf die Ebene, auf der Er sich befindet. Also wiederholt Gott eure Geste, Er spiegelt sie so, wie ein Spiegel einen Lichtstrahl widerspiegelt: Ihr habt Ihm alles gegeben, Er gibt euch alles.

Anmerkungen

1. Siehe auch Band 222 der Reihe Izvor »Die Psyche des Menschen«, Kap. XIII: »Das höhere Ich«.
2. Siehe auch Band 211 der Reihe Izvor »Freiheit, Sieg des Geistes«, Kap. V: »Die Freiheit des Menschen liegt in der Freiheit Gottes«, Kap. VI: »Die wahre Freiheit«.
3. Siehe auch Band 226 der Reihe Izvor »Das Buch der göttlichen Magie«, Kap. II: »Der magische Kreis: die Aura«, und Band 228 der Reihe Izvor »Einblick in die unsichtbare Welt«, Kap. XV: »Wie man sich im Schlaf schützen kann«, Kap. XVII: »Physische und psychische Zuflucht«.

## Kapitel 13

# Zum Altar des Herrn aufsteigen

Während des Jahres, das ich in Indien verbrachte*, hat mich eines, neben vielem anderen natürlich, beeindruckt. Das war die Tatsache, dass es in den meisten Häusern einen kleinen Altar gab. Ob reich oder arm, die Hindus reservieren bei sich zu Hause einen Platz für einige Bilder oder Statuen von Gottheiten. Manche haben nicht einmal einen Wohnraum, sie leben draußen auf der Straße, auf den Gehwegen, am Wegesrand, und dort schaffen sie sich mit einem Karton oder einer Holzkiste und einigen Bildern einen Altar, vor dem sie zu verschiedenen Tageszeiten niederknien und beten. Findet ihr bei uns im Westen viele Häuser mit einem für die Gottheit reservierten Ort?

Berücksichtigen wir, ihr könntet aus verschiedenen Gründen der Gottheit keinen Ort in eurer Wohnung weihen, so hindert euch doch nichts daran, Gott diesen Ort in eurem Inneren zu weihen. Ihr macht Pläne für heute, für morgen, für einige Wochen, Monate oder Jahre später, wunderbar, aber welchen Platz reserviert ihr dem Herrn darin? Befasst ihr euch damit, Ihm einen Altar in

* Von Februar 1959 bis Februar 1960.

euch zu errichten? Gott sagt zu euch: »Ich habe dir das Leben gegeben, die Freude, die Schönheit, ich habe dir eine Familie gegeben, Freunde und so viele andere Reichtümer; warum bereitest du mir keinen Platz in deinem Herzen, wo du doch jeden x-Beliebigen darin aufnimmst, ja, sogar Diebe, die dich ausrauben werden?«

Die Evangelien berichten von einem Schriftgelehrten, der sich eines Tages Jesus näherte und zu ihm sprach: »Meister, ich will dir folgen, wohin du gehst (Mt 8,19).« Und was gab Jesus zur Antwort? »Die Füchse haben Gruben, und die Vögel unter dem Himmel haben Nester, aber der Menschensohn hat nichts, wo er sein Haupt hinlege.« Es wird also nicht gesagt, dass Jesus ihn akzeptiert hätte. Dann, sich an einen anderen Mann wendend, der sich ebenfalls dort befand, trug er diesem auf: »Folge du mir.«

Aber was bedeutet die Antwort, die Jesus dem Ersteren gab: »Der Menschensohn hat nichts, wo er sein Haupt hinlege«? Er beklagte sich natürlich nicht darüber, keinen Platz zum Schlafen oder Ausruhen zu haben, aber er spürte, dass dieser Mann von so vielen groben Gedanken, Gefühlen und Begierden bewohnt war (das ist die Bedeutung der Tiere), dass es keinen Platz für ihn dort gab, für seine Lehre. Der Schriftgelehrte versicherte ihm, dass er ihm überallhin folgen würde. Zweifellos war er aufrichtig, aber er kannte sich nicht, und durch die Verwendung von Bildern wollte Jesus ihm sagen: Du hast niemals wirklich Platz für Gott in dir geschaffen... Ich habe keinen Platz, mein Haupt niederzulegen, das soll heißen, meine Weisheit wird bei dir keine Aufnahme finden, du bist noch nicht bereit, mir zu folgen.

Wie viele Menschen glauben, Jesus oder einem spirituellen Meister folgen zu können, obwohl sie, ohne es zu wissen, alle möglichen Tiere in sich beherbergen! Und darum haben sie, trotz Jesus, trotz eines Meisters, noch keinen Kontakt zu diesen Regionen der göttlichen Welt in ihrem Inneren, die ihnen den Sinn vermitteln können, von dem, was sie sind und was sie tun.[1] Der Sinn wird niemals von der niederen Welt vermittelt, von der Materie; er wird von der höheren Welt gegeben, dem Geist, diesem Funken, diesem Feuer, diesem Licht, das von der Gegenwart der Gottheit im Menschen zeugt, so, wie der Altar von Seiner Gegenwart in einem Heiligtum zeugt.

Nur aufgrund der Anwesenheit eines Altars wird ein Bauwerk zu einem Tempel des Herrn. Jeden Tag solltet ihr zu diesem Altar aufsteigen, euch vor Gott zeigen und euch in Seinen Dienst stellen. Indem ihr ein treuer, geduldiger und selbstloser Diener werdet, nähert ihr euch Ihm. Denn Gott ist der größte Diener. Ja. Und wenn ihr selbst zum Diener werdet, belebt ihr Sein Bild in euch, ihr werdet euch eurer göttlichen Abstammung bewusst. Und befürchtet nicht, dass euch das daran hindert, eure Pflichten gegenüber eurer Familie, euren Freunden, der Gesellschaft, der Menschheit, zu erfüllen, ganz im Gegenteil.

Schafft einen Platz für Gott in euch, nicht zur Hälfte, sondern vollständig. Indem ihr Seine Gegenwart pflegt, werdet ihr entdecken, um wie vieles reicher euer Leben wird. Wenn ihr euch Prüfungen gegenüber seht, wird euch diese Gegenwart Kraft und Freiheit geben, und wie König Salomon, werdet ihr sogar vor der Hölle gerettet werden. Ihr kennt diese Legende nicht?

König Salomon war berühmt für seinen Reichtum und seine Weisheit, und er war es, der den Tempel in Jerusalem erbauen ließ. Aber da er auch große Fehler beging, berichtet eine Legende, dass bei seinem Tod die göttliche Gerechtigkeit beschloss, dass er einen Fortbildungslehrgang in der Hölle absolvieren müsse. Kaum angekommen, sahen die Teufel ihn damit beschäftigt, links und rechts am Boden Messungen durchzuführen.

Er hatte dort einen Faden gefunden und hörte nicht auf zu messen und zu notieren. Die Teufel begaben sich, um Bericht zu erstatten, zu Satan persönlich, und der befahl ihnen, Salomon zu befragen. »Was tust du da?«, fragten sie ihn. Er antwortete: »Ich bin König Salomon. Mein Ruhm war groß auf der ganzen Erde. Ich war es, der den Tempel in Jerusalem erbauen ließ, um dort die Bundeslade des Ewigen aufzustellen. Jetzt habe ich auch hier die Absicht, einen Tempel zu errichten, darum seht ihr mich damit beschäftigt, Maß zu nehmen.« Als Satan von den Plänen Salomons hörte, rief er aus: »Oh weh! Hier ein Tempel? Aber er wird die ganze Hölle infizieren und das wäre das Ende meiner Herrschaft. Man werfe ihn hinaus, er hat keinen Platz unter uns!« Salomon wurde also nicht grundlos für seine Weisheit gerühmt.

Diese Anekdote will uns sagen, dass man sich sogar aus der Hölle befreien kann, wenn man die Bedingungen für seine Befreiung zu schaffen weiß. Und die einzige Art sich zu befreien, ist, einen Raum in sich abzugrenzen und diesen dem Herrn zu weihen. In diesem Raum sind wir zugleich Tempel, Altar und Priester.[2]

Der Herr will nur eines für Seine Geschöpfe: dass sie so viel wie möglich von den Reichtümern profitieren, die Er in ihren physischen Körper, in ihr Herz, ihren Verstand, ihre Seele und in ihren Geist gelegt hat. Und sie werden von diesen Reichtümern nur in vollem Umfang profitieren, wenn sie lernen, sie Ihm zu weihen. All das, was Gott geweiht ist, ist von lichtvollen Geistern der unsichtbaren Welt geschützt. Eine Fähigkeit, ein Talent, das ihr Gott weiht, wächst und verstärkt sich, wenn es hingegen nicht geweiht ist, verliert ihr es. Selbst wenn ihr es konkret noch besitzt, ist es, als hättet ihr es schon verloren, denn innerlich profitiert ihr nicht mehr in dem Maße davon, wie ihr es eigentlich könntet.

Wie viele talentierte Leute, Künstler, Philosophen, Wissenschaftler profitieren nicht von ihren Talenten! Aufgrund von Studien und Übungen haben sie gewisse Kenntnisse, Techniken und Leichtigkeit erlangt, aber innerlich lässt sie ihre Arbeit unbefriedigt. Eines müsst ihr verstehen: Man kann große Reichtümer besitzen, aber zugleich ihrer beraubt sein, weil man sie nicht geweiht hat, um ihren Schutz sicherzustellen. Man denkt daran, zahlreiche bedeutungslose Gegenstände zu schützen, aber die wesentlichen Reichtümer, die Fähigkeiten, die Talente, die vergisst man unter Schutz zu stellen.

Steigt jeden Tag auf zum Altar des Herrn und bittet um Führung und Inspiration. Engel werden euch begleiten. Später werdet ihr erfahren, dass auf euren Wegen viele Unfälle und Unglücke vermieden werden konnten, und dass andererseits viele gute Dinge verwirklicht werden konnten. Die himmlischen Wesenheiten werden euch sagen: »Schau, wir haben all das durch dich getan.« Ja, eines Tages werdet ihr wissen, was ihr getan habt oder besser, was durch euch getan worden ist, wie viele großartige Wesenheiten sich manifestieren konnten, weil ihr in euch dem Herrn einen Platz geweiht hattet.

Spiritualität besteht nicht aus vagen Wunschvorstellungen. Ein wahrer Spiritualist beginnt damit, in seiner Seele einen Altar für den Herrn zu errichten, und er hört niemals auf, dort eine

Flamme zu unterhalten. Zu diesem Altar muss er jeden Tag in dem Bewusstsein aufsteigen, dass er in die göttliche Gegenwart eintritt, und nur dann weiß er, worum er bitten sollte.[3] Solange ihr euch an den Herrn wendet, damit Er eure persönlichen Wünsche erfülle, bedeutet das, dass ihr noch nicht in Seine Gegenwart eingetreten seid. An dem Tag, an dem ihr in die Gegenwart des Herrn eintretet, könnt ihr nur noch um eines bitten: dass Er euch mit Seinem Licht erfüllt. Aber in Wirklichkeit spürt ihr, dass es für euch nichts mehr zu erbitten gibt: Sobald ihr in die Gegenwart des Herrn eintretet, überflutet euch Sein Licht, und sobald ihr wieder herabsteigt, wohnt dieses Licht noch lange in euch. Zum Altar des Herrn aufsteigen, zu diesem Altar, der auch in uns ist, das ist es, was wahrhaft unter Beten zu verstehen ist.

Anmerkungen

1. Siehe auch Band 231 der Reihe Izvor »Saaten des Glücks«, Kap. VI: »Der Sinn des Lebens«.
2. Siehe auch Band 223 der Reihe Izvor »Geistiges und künstlerisches Schaffen«, Kap. XII: »Der Aufbau des Tempels«.
3. Siehe auch Band 305 der Reihe Broschüren »Das Gebet«.

## Kapitel 14

## Schreitet beständig voran

Es heißt in der Kabbala, dass Gott, als Er die Reue erschuf (auf hebräisch teshuvah), ihr den Auftrag gab: »Jedes Mal, wenn die Menschen sich dir zuwenden, sollst du ihre Fehler auslöschen.« Das Wort teshuvah bedeutet auch Rückkehr. Die Sünde entfernt uns von Gott und die Reue führt uns zu Ihm zurück. Das ist der Sinn des Gleichnisses vom verlorenen Sohn in den Evangelien: Er verließ das Vaterhaus und als er all seine Güter in Vergnügungen vergeudet hatte, war er gezwungen, die elenden und demütigenden Bedingungen eines Schweinehirten zu akzeptieren, um zu überleben. Da begriff er seinen Fehler und entschloss sich, zu seinem Vater zurückzukehren, der ihn mit offenen Armen empfing und für ihn ein großes Fest ausrichtete. Wenn auch wir uns unserer Fehler bewusst werden, wenn wir sie bedauern und aufrichtig wünschen zu unserem himmlischen Vater zurückzukehren, wird Er uns empfangen.[1]

Aber seine Fehler zu erkennen und sie zu bereuen, das genügt nicht. Selbst wenn die Gewissensbisse und die Tränen, die sie manchmal begleiten, dazu beitragen, uns zu reinigen, müssen wir wiedergutmachen, um Vergebung zu erlangen. Gott hat die Reue erschaffen, um unsere Fehler auszulöschen, aber sie werden nur wirklich ausgelöscht sein, wenn wir eben »tätige« Reue leisten.

Reue bedingt Aktivität und nicht Passivität. Einige von einem Priester nach der Beichte vorgeschriebene Gebete, mehr oder weniger zerstreut gemurmelt, genügen nicht. Man muss wirklich wiedergutmachen. Das lehrt auch die Kabbala, da sie teshuvah mit Binah verbindet. Binah repräsentiert die Natur, die eine liebende, aber strenge Mutter ist: Sie ist die Hüterin der Gesetze. In der Sephira Binah haben die Vierundzwanzig Ältesten ihren Sitz, die Herren des Schicksals, die jedem nach seinen Verdiensten zukommen lassen. [2] Die Rückkehr zum Haus des Vaters kann nur geschehen, wenn man seine Fehler wiedergutmacht.

Natürlich begehen wir noch viele Fehler. Wir werden Schuldbewusstsein zeigen, aber Schuldbewusstsein ist nur für einen Moment lang gültig. Haben wir einmal verstanden, dass wir schlecht gehandelt haben und auch was dazu führte, dass wir schlecht gehandelt haben, dann müssen wir uns bemühen, unsere Irrtümer wiedergutzumachen, und uns vor allem wieder an die Arbeit begeben. Indem wir wehklagen, uns an die Brust schlagen, machen wir nichts wieder gut und werden noch dazu eine Last für die anderen. Das Heil liegt nicht in der Reue allein, sondern in der Arbeit.

Nun, da ihr jetzt den göttlichen Weg eingeschlagen habt, dürft ihr nicht mehr stehen bleiben. Solange ihr immer weiter voranschreitet, drängt ihr eure inneren Feinde zurück, und bei allem, was kommen mag, werdet ihr die Herrschaft über euer Schicksal bewahren. Ein Hindernis nach dem anderen weicht vor demjenigen, der nicht auf dem Weg stehen bleibt, denn er hat die mächtigen Gesetze des Lebens in Bewegung gesetzt.[3]

Das spirituelle Leben gleicht der Besteigung eines hohen Berges, und auf diesen schroffen, steilen Pfaden ist es unmöglich, nicht Momente der Schwäche, der Entmutigung oder sogar einen Absturz zu erleben. Aber das ist kein Grund stehen zu bleiben. Einige Tage lang habt ihr das Gefühl zu sterben, und dann kehrt wieder Leben in euch ein. Ja, in der tiefsten Mutlosigkeit müsst ihr euch an dieses geheimnisvolle Leuchten klammern, das noch in euch vorhanden ist: Es sagt euch, dass »dem Tod«, den ihr gerade durchlebt, eine Wiederauferstehung folgen wird, und dass euch niemand besser Hilfe leisten kann, als ihr selbst, denn alle Kräfte befinden sich in euch.

Das, was wir als Entmutigung spüren, ist ein Bruch der Verbindung in uns, die zwischen unseren beiden Naturen, der irdischen und der himmlischen, bestehen muss. Die irdische Natur gleicht einer Materie, die von der himmlischen Natur beständig erhellt und belebt werden muss.

Die irdische Natur zieht uns nach unten, die himmlische dagegen zieht uns nach oben. Wenn es daher der irdischen Natur gelingt, sich der Kraft der himmlischen Natur für einen Moment zu entziehen, geschieht in uns so etwas wie ein Absturz, ein Zusammenbruch.

Um die Verbindung zwischen unseren beiden Naturen wiederherzustellen, müssen wir nach Art der Alchimisten lernen, mit dem Feuer zu arbeiten. Es ist das Feuer, das heilige Feuer, das unsere niedere Natur mit unserer höheren Natur zusammenschweißt. Der wahre Alchimist facht dieses Feuer an, der unbedarfte Laie hingegen unterbricht bald seine Arbeit, weil er sich sagt: »Weshalb sollte ich unbedingt zwei Elemente zusammenbringen wollen, die nur beständig nach Trennung streben?« Ja, genau, die Beharrlichkeit, darauf kommt es an.

Um das Kind zu gebären, den Stein der Weisen, der in uns all die wertlosen Rohstoffe in Gold, in spirituelles Gold verwandeln wird, muss man die Vereinigung der beiden einander entgegenwirkenden Elemente, der niederen und der himmlischen Natur erzwingen.[4] Das Feuer, das sie in Verbindung bringt, wird durch den Glauben, die Hoffnung und die Liebe genährt: den unerschütterlichen Glauben an die Kräfte, die Gott in uns hineingelegt hat, die Hoffnung auf die Zukunft, die Er Seinen Kindern vorbehalten hat, und schließlich die beständige Liebe zum Wahren und Schönen. Wenn das Verhalten von anderen uns den

Mut verlieren lässt, müssen wir die Liebe rufen. Wenn aber die Entmutigung aus uns selbst kommt, weil wir müde sind, uns der nötige Antrieb fehlt, Schwierigkeiten die Stirn zu bieten, dann müssen wir den Glauben und die Hoffnung zu Hilfe rufen.

Kürzlich erzählte mir ein Freund, dass er eines Tages, als er sich niedergeschlagen und hoffnungslos fühlte, in die Natur hinausging. Dort setzte er sich einige Zeit auf einen Felsen und auf diesem rauen, nackten Felsen, in einem winzigen Spalt, entdeckte er einige Grashalme, denen es gelungen war, dort anzuwachsen und zu überleben. Er betrachtete sie lange, und plötzlich wurde in ihm etwas wiederbelebt. Er konnte nicht verstehen, wie diese wenigen Grashalme, denen so wenig Erde zum Anwachsen genügte, ihn aus seiner Niedergeschlagenheit herausreißen konnten. In Wirklichkeit waren es nicht die Grashalme, sondern er selbst, der beim Betrachten unbewusst eine Veränderung in seinem Innersten bewirkte. Ja, denn all die Regenerationskräfte sind in uns vorhanden und es genügt manchmal ein winziger Impuls, um sie auszulösen.

Die Lebewesen, die Dinge, alles, was um uns herum existiert, kann uns helfen. Es kommt vor, dass sich dies außerhalb unseres Bewusstseins und unseres Willens vollzieht, aber wir sollten uns dieses Phänomen bewusst machen und nicht darauf warten, dass die Natur uns zufällig zu Hilfe kommt. Betrachtet auch die Ameisen und die

Bienen: Sie arbeiten unermüdlich, man hat noch nie eine Ameise oder eine Biene mutlos werden sehen. Ihr sagt, dass die Natur sie so geschaffen hat. Das ist richtig, aber gerade mit all dem, was die Natur geschaffen hat, lehrt sie uns etwas, und wir sollten intelligent genug sein, von ihren Lektionen zu profitieren.

Ihr habt gewiss bemerkt, dass ihr neue Kraft schöpft, wenn ihr traurig oder mutlos seid und dann an eine Person denkt, die ihr liebt oder bewundert. Warum? Weil die Bilder, die wir im Kopf oder im Herzen haben, nicht inaktiv bleiben; sie besitzen ein Leben und Kräfte, sie gleichen Transformatoren, Energiequellen. Ein Bild kann uns verderben und ein Bild kann uns retten. Ein Bild kann uns vergiften und ein Bild kann wie ein Gegengift wirken. Jedes Bild ist mit einer Vorstellung verbunden, und sobald ihr euch auf ein Bild konzentriert, wirkt es auf euch, es prägt euch sein Siegel auf. Vernachlässigt niemals diese so segensreiche innere Arbeit, die ihr mit Bildern ausführen könnt.

Ihr sagt: »Ich kann nicht mehr... Ich bin fix und fertig.« Ja, vielleicht seid ihr fertig. Aber da gibt es noch genügend Neuanfänge in euch. Macht einfach einen neuen Anfang, und ihr werdet euren Weg fortsetzen.

Es gibt Momente, das ist wahr, wo man von einer tödlichen Müdigkeit erfasst werden kann, dem Gefühl, nicht einen Schritt mehr tun zu können. Es ist schwer, gegen ein wie auch immer geartetes Gefühl anzukämpfen; aber ein Grund mehr, wenn man diese Art von Müdigkeit verspürt, die Überzeugung aufrechtzuerhalten, dass man noch Ressourcen hat, und man sich bald wieder auf den Weg machen kann. Eines Tages, sicher, da werdet ihr den letzten Atemzug tun, aber im Augenblick ist es noch nicht so weit, und wenn ihr in euch Gedanken des Mutes und der Hoffnung aufrechterhalten könnt, werdet ihr euch bald wieder erholen. Ihr werdet wieder mit frischen Kräften ans Werk gehen.

Spüren ist eine Sache, und Denken eine andere. Allzu oft färbt die Empfindung auf das Denken ab: Man fühlt sich erschöpft – was ganz natürlich ist – und dann löst diese Empfindung Gedanken und Gefühle von Mutlosigkeit, von Traurigkeit und von Hoffnungslosigkeit aus. Aber nein, gerade dann muss das Denken auf das Empfinden einwirken. Und selbst wenn es dieses nicht ausschalten kann, muss es da sein, wie ein Licht, wie ein Leuchtturm in der Ferne. Es sagt euch, dass ihr euch wieder aufrichten könnt; daher solltet ihr, trotz eurer Müdigkeit und eurer Erschöpfung, ihm glauben und nicht euren Empfindungen. Es gibt keinen einzigen Tropfen Energie mehr in eurem Speicher? Aber der kosmische Speicher ist voll, und dort müsst ihr euch hinbegeben, um daraus durch euer Denken zu schöpfen. Denn auch dazu dient das Denken: Kaum hat die Flamme einige Tropfen aus diesem Energiereservoir geschöpft, schon leuchtet eure Lampe, die am erlöschen war, aufs Neue.

Der günstigste Moment, um Energien aus dem kosmischen Reservoir zu schöpfen, ist der Morgen, bei Sonnenaufgang. Während ihr die Sonne betrachtet, konzentriert euch auf die Zellen eures Körpers, bis sie im Einklang mit dem Geist der Sonne schwingen. Nach und nach werdet ihr spüren, dass euch dabei das wahre Wissen zufließt, ein Wissen, das euch immer lebendig halten wird. Habt ihr erst einmal damit begonnen, diese machtvolle Schwingung euren Zellen zu übermitteln, dann lasst keinen Stillstand mehr zu, bemüht euch, diese Bewegung in Gang zu halten.

Ich werde immer wieder den Wert betonen, den ihr diesen Momenten beimessen solltet, in denen euer gesamtes Wesen von diesen spirituellen Energieströmen durchdrungen wird. Tut euer Möglichstes, um sie euch zu bewahren. Zeigt euch nicht nachlässig und vergeudet nicht gleich diese Energien in prosaischen Aktivitäten. Um ihre Nachlässigkeit zu rechtfertigen, werden manche sagen, dass diese Momente der Gnade, die sie erlebt haben, vielleicht eine Illusion waren, die Frucht ihrer Vorstellungskraft. Der Himmel hat sie gereinigt, erhellt, gestärkt, und sie fragen sich, ob sie nicht der Spielball einer Illusion waren! Aber wenn sie sich schwach fühlen, niedergeschlagen, beunruhigt, dann stellen sie sich diese Fragen nicht, das ist für sie wohl eine Realität. Es fehlen die Worte für die Unwissenheit und die Undankbarkeit der Menschen.

Ich möchte euch davon überzeugen, diese seltenen Momente zu schätzen, in denen es euch gegeben ist, diese reinen Energieströme zu empfangen, die euch euer ganzes Leben lang unterstützen werden. Bemüht euch so sehr ihr nur irgend könnt darum, sie euch zu bewahren. Es sind nicht die Anstrengungen, die euch ermüden, was euch ermüdet, das ist eure Neigung, Intellekt und Herz dunklen und belastenden Gedanken und Gefühlen zu öffnen. Wie soll man da nicht erschöpft sein, wenn man sich selbst zur Last wird?[5] Konzentriert euch vielmehr auf die Sonne und lasst euch von ihren Strahlen durchdringen; auf diese Weise grabt ihr in euch eine Art Tunnel, und am Ausgang dieses Tunnels werdet ihr frei und leicht in die Regionen des Lichts gelangen.

Es gilt da aber noch etwas Wesentliches zu wissen. In allem, was wir unternehmen, in welchem Bereich auch immer – im Materiellen oder im Spirituellen –, es ist das Bemühen, auf das es ankommt. Der Himmel sieht niemals auf den Erfolg, sondern allein auf das Bemühen. Über den Erfolg aber entscheidet Er, denn alles, was wir tun, wird als Ganzes aufgezeichnet und soll daher den Plänen Gottes dienen, mit ihnen in Einklang sein. Und vielleicht ist es nicht vorgesehen, dass das, woran wir gerade arbeiten, sich so realisiert, wie wir es wünschen. Daher ist nur das Bemühen unsere Sache, nicht aber der Erfolg. Ihr findet, das sei ungerecht? Nein, denn keine Anstrengung bleibt ohne Ergebnis.

Wie viele Männer und Frauen sind für ihr Ideal gestorben, und scheinbar ohne ihr Ziel erreicht zu haben. Aber ihr Beispiel hat zahllosen Menschen einen Impuls gegeben, sie waren wie eine Saat, wie Hefe; eines Tages wird das Ziel erreicht, und noch besser als sie es erhofften. Daher müssen diejenigen, die Erfolge davontragen, mit Dankbarkeit an all die Männer und Frauen denken, die vor ihnen darauf hingearbeitet haben, dass diese Erfolge möglich werden. Diese Männer und Frauen haben Opfer gebracht, sind sogar manchmal Opfer geworden, aber vielleicht werden sie in einem anderen Leben die Früchte ihrer Arbeit ernten. Die Historiker wissen nichts von den vorangegangenen Leben der Persönlichkeiten, mit denen sie sich befassen; wenn sie daher erklären, dass der eine Erfolg hatte und der andere Misserfolg, täuschen sie sich möglicherweise.

Wir dürfen uns niemals zu sehr mit unseren Erfolgen beschäftigen, sondern allein mit den nötigen Anstrengungen, denn niemand kann uns die Arbeit abnehmen. Überlassen wir es den himmlischen Wesen, über den Zeitpunkt zu entscheiden, wo diese Anstrengungen sichtbare, greifbare Ergebnisse hervorbringen werden. Das Ausbleiben von konkreten Ergebnissen bedeutet nicht, dass wir nicht oder schlecht gearbeitet haben, sondern dass der Moment des Erfolges noch nicht gekommen ist. Man braucht sich um nichts Sorgen zu machen. Diejenigen, die dieses Gesetz nicht kennen, verzehren sich oder ärgern sich über die anderen, und zerstören so die Segnungen ihrer spirituellen Bemühungen. Was auch geschieht, ihr müsst euch sagen: »Dem Anschein nach bringen meine Bemühungen keine besonderen Ergebnisse hervor, aber in Wirklichkeit weiß ich, dass sie bereits heute Früchte tragen.« Selbst wenn wir sie nicht sehen, gibt es immer Ergebnisse in den Herzen und in den Seelen. Nichts verharrt in Bewegungslosigkeit.

Ihr braucht dieses Licht, das die Dinge wieder gerade rückt. Der Erfolg auf der physischen Ebene hängt nicht von euch ab, sondern von den Beschlüssen der Vierundzwanzig Ältesten. Wenn ihr nicht den gewünschten Erfolg habt, so ist der Moment noch nicht gekommen. Lasst euch nicht von dieser materialistischen Vorstellung von Erfolg anstecken, die heutzutage so verbreitet ist; solch eine Auffassung kann weder für euch noch für die anderen etwas Gutes hervorbringen.

Macht daher weiter mit eurer Arbeit, das ist alles. Wenn ihr empfindsam genug wärt, würdet ihr spüren, dass es auf den feinstofflichen Ebenen bereits Ergebnisse gibt; und da es dort oben bereits Resultate gibt, werden sie sich schließlich eines Tages auch auf der physischen Ebene einstellen.[6]

Und freut euch nicht zu sehr über schnelle Erfolge. Wenn ihr nicht zuvor über lange Zeit eure Arbeit in die Materie der psychischen und der spirituellen Ebenen eingraviert habt, werden diese Erfolge nicht lange andauern.

Die Voraussetzung für wahren Erfolg liegt nicht in der gewaltigen und spektakulären Anstrengung eines Augenblicks, sondern in der täglichen Wiederholung kleiner Anstrengungen. Das Wasser, das Tropfen für Tropfen auf einen Stein fällt, wird ihn am Ende aushöhlen. Und dabei ist ein Wassertropfen so weich, und der Stein so hart! Lasst keinen Tag ohne Anstrengungen vergehen, denn das Geheimnis des Erfolges liegt in der Stetigkeit, in der Beharrlichkeit. Wenn ihr aufhört, riskiert ihr, sogar das zu verlieren, was ihr erreicht habt, denn die Materie besitzt eine enorme Widerstandskraft, und sie neigt immer dazu, zu ihrer ursprünglichen Trägheit zurückzukehren.

Ihr wollt lebendig sein? Strebt solange wie möglich danach, Fortschritte zu machen. In euch schlafen so viele Kräfte, die darauf warten, erweckt zu werden! Aber anstatt sie zu erwecken, schläfert ihr sie weiterhin ein. Man begegnet Leuten, die erst fünfzig oder sechzig Jahre alt sind oder noch jünger und bereits tot und begraben zu sein scheinen. Ja, man sieht sogar schon den Grabstein auf ihnen, auf dem geschrieben steht: »Hier ruht Herr Sowieso«. Warum nur...? Selbst wenn man erschöpft ist, selbst wenn das Alter naht, sollte man sich sagen, dass es immer etwas zu verstehen, etwas zu unternehmen gibt. Erstarrung und Stagnation darf man nie Raum geben. Selbst gelähmt, selbst sterbend bleibt immer noch etwas zu tun... und wenn es nur wäre, dem Himmel zu danken.[7]

Verhaltet euch so, dass ihr, am Ende eures Lebens angekommen, noch jung seid, weil ihr dann verstanden habt, was das Leben wirklich ist: ständige Transformation und Anpassung. Für die Einweihungswissenschaft gibt es keine Jungen und keine Alten, sondern nur Menschen, deren Aufgabe es ist, an sich selbst zu arbeiten. Niemand darf sagen: »Ach, die Jahre sind vergangen, ich bin schon alt.« Wer glaubt, seine Trägheit mit seinem Alter rechtfertigen zu können, verringert die Zahl der Tage, die ihm noch bleiben, um sich zu erfreuen. Indem er wiederholt: »Ich werde alt... ich bin alt... lasst mich in Ruhe«, fabriziert er in sich das Bild des Alters, und dieses Bild wirkt sich sehr negativ aus, auf seinen psychischen Zustand und auch auf den physischen. Er sollte sich hingegen auf die Jugend konzentrieren und sagen: »Ah, wie wunderbar ist es, jung zu sein!«, dann wird er sich innerlich immer geschmeidiger, beweglicher und offener für das Leben fühlen. Das bedeutet Jugend, wahre Jugend. Mit den Jahren verliert der physische Körper natürlich seine Spannkraft und seine Widerstandskraft; aber selbst im Augenblick des Todes kann ein Blick, ein Lächeln noch den Ausdruck von Jugend haben.

Anmerkungen

1. Siehe auch Band 3 der Reihe Gesamtwerke »Die beiden Bäume im Paradies«, Kap. IX, Teil 3: »Die Heimkehr des verlorenen Sohnes«.
2. Siehe auch Band 236 der Reihe Izvor »Weisheit aus der Kabbala«, Kap. XV, Teil 1: »Die Gesetze des Schicksals«.
3. Siehe auch Band 238 der Reihe Izvor »Der Glaube versetzt Berge«, Kap. XIII: »Rabota, vreme, vera: Arbeit, Zeit, Glaube«.
4. Siehe auch Band 241 der Reihe Izvor »Der Stein der Weisen – Von den Evangelien zur Alchimie«, Kap. X: »Der Stein der Weisen, Frucht einer mystischen Vereinigung«.
5. Siehe auch Band 225 der Reihe Izvor »Harmonie und Gesundheit«, Kap. VIII: »Wie man Müdigkeit vermeidet«.
6. Siehe auch Band 224 der Reihe Izvor »Die Kraft der Gedanken«, Kap. V: »Wie die Gedanken sich in der Materie verwirklichen«.
7. Siehe auch Band 243 der Reihe Izvor »Das Lächeln des Weisen«, Kap. XII: »Dank, Quelle von Licht und Freude«.

## Kapitel 15

# An der Schwelle eines neuen Jahres

Instinktiv versetzen sich die Menschen beständig in die Zukunft, sie leben in der Hoffnung, dass es morgen besser sein wird, aber diese Projektion in die Zukunft ist oft nur eine Flucht. Sie hoffen und hoffen, aber aus welchem Grund sollten die Dinge wieder in Ordnung kommen? Woher nehmen sie die Hoffnung, dass die Zukunft besser sein kann als die Gegenwart? Woher wird dieses Bessere kommen? Die Wahrheit ist, dass die Zukunft noch schlimmer sein wird, wenn sie sich damit zufriedengeben, zu hoffen ohne zu arbeiten.

Die guten Dinge kommen selten von außen. Wenn sie kommen, umso besser; aber letztlich habt ihr die Macht, die Ereignisse zu eurem Vorteil zu wenden oder zu eurem Schaden. Denn ihr könnt jedes Ereignis auf zwei Arten erleben: Die eine Art erhebt euch über euch selbst, und die andere erniedrigt euch oder bringt euch sogar zu Fall. Wer nicht genügend Weisheit, Liebe oder Willenskraft besitzt, verwandelt die günstigsten äußeren Bedingungen in Bewährungsproben für sich und die anderen. Welch eine Zukunft kann er sich daher erhoffen...? Ein einziges Auto hat mitten auf der Straße eine Panne: Alle anderen Fahrzeuge müssen notgedrungen anhalten, der Verkehrsfluss ist gestört und schon entstehen Staus! Auf gleiche Weise schafft ein einziger schlecht gelebter Tag eine Art Stau für die folgenden Tage, und manchmal, wenn man nicht versucht, sofort die richtige Ausrichtung wieder zu finden, sogar für zukünftige Inkarnationen.

Die meisten Menschen sind es gewohnt, das Leben so zu nehmen, wie es gerade kommt, ohne zu ahnen, dass die Ereignisse eine Materie sind, die man erst noch zubereiten muss, wie man Nahrung zubereitet, indem man sie kocht und ihr bestimmte Zutaten hinzufügt. Esst ihr die Fische so, wie sie gefangen wurden, mit Schuppen, Flossen und Gräten? Nein. Und esst ihr das Gemüse so, wie es aus der Erde kommt? Ebenfalls nein. Kochen ist die Kunst, alle Arten von Produkten essbar und sogar wohlschmeckend zu machen, die unverdaulich oder geschmacklos wären, würde man sie nicht säubern, kochen und würzen.

Nun, genauso verhält es sich mit dem Glück, nach dem ihr strebt, es ist auch das Ergebnis wahrer innerer Kochkunst. Man sollte nicht erwarten, die guten Momente des Lebens so pflücken zu können, wie man im Vorübergehen eine reife Frucht vom Baum pflückt. Ihr solltet lernen, an jeder Situation zu arbeiten, und besonders an den schwierigen, schmerzhaften Situationen, indem ihr Elemente eures Geistes und eurer Seele hinzufügt, das heißt, Elemente der göttlichen Weisheit und der göttlichen Liebe.

Manche Menschen behaupten, die Prüfungen des Lebens könnten ihnen nichts anhaben. Das ist nicht möglich; sofern man kein Stein ist, spürt jeder schmerzhaft all das, was seine Gesundheit, seine Empfindsamkeit, seine Überzeugungen beeinträchtigt. Und es ist nicht nur unmöglich, sondern auch gar nicht wünschenswert: Was kann man von einem Stein unter den Menschen erwarten? Aber wer sich bemüht, sich durch kein wie auch immer geartetes Leiden, das er zu ertragen hätte, entmutigen zu lassen, dem kann man vorhersagen, dass er sehr weit kommen wird.

Ihr fragt: »Sich niemals entmutigen lassen, wie ist das möglich?« Durch den guten Willen. Ja, durch den guten Willen, denn der Wille allein genügt nicht. Gegenüber den Schwierigkeiten genügt es nicht, die Zähne zusammenzubeißen oder die Fäuste zu ballen und sich zu sagen: »Ich werde durchhalten.« Zunächst ist es keineswegs sicher, dass es euch gelingen wird, stärker als die Ereignisse zu sein, und ihr werdet erschöpft und niedergeschlagen enden. Und selbst wenn ihr den Sieg davontragt, droht euch eine andere Gefahr, die, innerlich zu verhärten. Man mag beeindruckt sein von der Willenskraft mancher Menschen, die sich durch Prüfungen nicht haben entmutigen lassen, aber man legt nicht unbedingt Wert darauf, mit ihnen zu verkehren, denn sie bringen anderen oft viel Härte und Geringschätzung entgegen.

Was ich »guten Willen« nenne, ist ein Wille, der unterstützt wird von der Intelligenz, welche die Ereignisse zu verstehen und eine Lektion daraus zu ziehen sucht, und durch das Herz, das sich den anderen nicht verschließt. Dieser gute Wille ist auch eine Form von Geduld und lässt sich durch nichts entmutigen. Darum kann man sagen, dass Geduld eine Tugend ist, die alle anderen Tugenden begleiten muss. Man sollte lieben und geduldig sein, weise und geduldig sein, stark und geduldig sein, sonst verlieren die Liebe, die Weisheit und die Kraft schnell ihre Macht.[1]

Stellt euch vor, ihr hättet die Samen einer Pflanze in die Erde gelegt, von der ihr wisst, dass sie wunderschöne Blüten hervorbringt, aber ihr wisst nicht, dass sie nur alle hundert Jahre blüht. Solche Pflanzen sind selten, aber es gibt sie. Also wartet ihr und werdet immer unruhiger und besorgter. Eure Ungeduld zeigt jedoch nur, dass ihr das Wesen dieser Pflanze, die solche Blüten hervorbringt, nicht kennt. Und dann gibt es andere Samen, aus denen schon nach einigen Wochen die ersten Blumen wachsen; das gefällt euch natürlich besser, aber diese Blumen gibt es auch sehr viel häufiger. Jede Aktivität, auf die ihr euch einlasst, gleicht einem Samen, den ihr in die Erde legt. Wenn ihr schnell Ergebnisse erzielt, seid ihr zufrieden, aber fragt euch ab und zu, ob die Samen, die sich schnell entwickeln, die besten sind. Meist ist das Gegenteil der Fall.

Geduldig sein beweist, dass man über ein verborgenes Wissen verfügt. Es gibt Menschen, die mit diesem Wissen auf die Welt kommen: Jeden Tag machen sie sich an die Arbeit und was immer auch geschieht, sie geben nicht auf, sie sind hartnäckig. Sie sind unter einem guten Einfluss von Saturn geboren. Für sie bemisst sich die Zeit in sehr langen Intervallen, und da immer die Zeit, Saturn, das letzte Wort hat, ist die Ernte nicht nur gut, sondern überreich.

Jeder Planet besitzt eine ihm eigene periodische Wiederkehr. Die kürzeste ist die des Mondes, der den Tierkreis in neunundzwanzig Tagen durchläuft. Dann kommt Merkur, dann mit zunehmender Dauer Venus, Mars, Jupiter, Saturn. Und jenseits von Saturn gibt es noch Uranus, Neptun und Pluto, deren Umlaufzeiten noch länger sind.

Es verhält sich mit der Entwicklungszeit eines Samens oder der Verwirklichung einer Idee, wie mit der Umlaufzeit von Planeten. Ihrer Natur zufolge erfordern die Samen oder die Ideen eine unterschiedliche Zeitdauer. Um in Unternehmungen spiritueller Natur Erfolg zu haben, braucht es viel Zeit, weil dabei Uranus, Neptun und Pluto auch ihre Unterstützung mit einbringen müssen. Die spirituelle Arbeit steht unter dem Einfluss von langsamen Planeten, die in riesigen Bahnen um die Sonne ziehen.

Eine Idee, ein Gedanke ist ein lebendiges Wesen;[2] sobald es unseren Kopf verlässt, durchquert es den Raum, indem es einen Kreis beschreibt, und durchläuft so verschiedene Regionen, in denen es Elemente aufnimmt, die ihm eigen sind. Dann kehrt es zu seinem Ursprungsort, das heißt zu uns, zurück. Jeder Gedanke braucht einen bestimmten Zeitraum, um einen Kreis zu beschreiben. Die spirituellsten, die edelsten und göttlichsten Gedanken beschreiben sehr große Kreise. Sie durchlaufen alle Bereiche, bis hin zur göttlichen Welt, bevor sie zurückkehren und ihre Schätze bringen.

Ihr gebt zu bedenken, dass, sobald man euch in einem Betrieb einstellt, von euch erwartet wird, dass ihr schnell Ergebnisse erzielt. Ja, wenn es darum geht, Geld zu verdienen, muss man sich beeilen, und darum bieten so viele Geschäfte und Läden den Leuten Produkte und Gegenstände an, die ihre materiellen Bedürfnisse befriedigen, und sogar ihre niederen Bedürfnisse, was sehr schnell geschehen kann. Wenn sie ihnen etwas anbieten würden, um ihre Seele und ihren Geist zu ernähren, würden sie pleitegehen.

Die Weisheit verlangt, dass wir die Zeit für die physische Ebene und zugleich die Ewigkeit für die Seele und den Geist berücksichtigen. Die Hektik, in der die Menschen leben, beraubt sie dieses Elements, das Dauer und Unendlichkeit beinhaltet und das dem Leben Sinn und Geschmack verleiht. Wenn sie nicht schnell finden, was sie suchen, gehen sie sofort zu etwas anderem über, und darum gelangen sie innerlich nirgendwo hin. Geduld ist die Qualität des hohen Alters, und Hoffnung ist die der Jugend. Ja, die Jugend hofft, und wenn sie das Erhoffte nicht schnell kommen sieht, wird sie ungeduldig; das Alter hat dagegen keine großen Hoffnungen mehr, aber es hat gelernt, geduldig zu ertragen. In Wirklichkeit sollten sich Geduld und Hoffnung begegnen. Dort, wo Hoffnung ist, sollte die Geduld ihre Unterstützung beisteuern. Und wenn die Geduld da ist, kann die Hoffnung nicht weit sein. Wenn man nichts erhofft, wozu und warum sollte man dann geduldig sein? Es gibt nichts zu erwarten. Aber wenn Geduld und Hoffnung gemeinsam ihres Weges ziehen, Jahr für Jahr, liegt die Zukunft weit offen vor ihnen.

Ein Jahr geht zu Ende und ein anderes beginnt...[3] Das ist die Zeit, in der alle Wünsche formulieren, Wünsche für sich selbst, für ihre Familie, ihre Freunde, für die ganze Welt... Und es ist der Brauch, sich zu treffen und zu sagen: »Prost Neujahr...! Ein glückliches Neues Jahr...!« Aber bevor ihr an dieses neue Jahr denkt, wendet euch an das Jahr, das gerade zu Ende geht. Ihr seid erstaunt: Was, mit dem Jahr reden...? Ja. Die Kabbala sagt, dass ein Jahr ein lebendiges Wesen ist, ihr könnt daher mit ihm reden. Wendet euch also an dieses Jahr, das vergeht, und bittet es, sich an euch zu erinnern. Da es lebendig ist, bleibt es nicht inaktiv, es hat nicht nur unsere Handlungen aufgezeichnet, sondern auch unsere Wünsche, unsere Gefühle, unsere Gedanken. Am letzten Tag gibt es den Herren des Schicksals seinen Bericht und es verbindet uns mit dem folgenden Jahr.

Der moderne Mensch ist daran gewöhnt, die Zeit als eine von Uhren gemessene abstrakte Vorstellung zu betrachten, doch ein Jahr, ein Tag, ja, sogar eine Stunde sind lebendige Wirklichkeiten. Und hört man übrigens nicht auch heute noch Aussprüche wie diese: »Gesegnet sei die Stunde, wo...«, oder auch »Verflucht sei die Stunde, wo...«? In der griechischen Mythologie wurde die Zeit durch den Gott Chronos repräsentiert, und die Stunden waren auch Gottheiten, Töchter des Zeus, des Göttervaters. Zu diesem Thema gäbe es noch vieles zu sagen.

Bis dahin überlegt euch, wie ihr das zu Ende gehende Jahr verabschieden wollt. Bemüht euch, mit Dankbarkeit daran zu denken. Sagt zu ihm: »Danke, liebes Jahr, du hast mir viel Leid erspart, und mir so viele gute Dinge gebracht!« Bemüht euch, euch diese guten Dinge in Erinnerung zu rufen. Wenn ihr wisst, wie ihr zu ihm sprechen sollt, wird dieses Jahr dem beginnenden Jahr von euch berichten: »Das ist ein wahres Kind Gottes, es ist dankbar, du kannst ihm neue Geschenke bringen.« Aber bereitet euch vor, denn um diese entgegenzunehmen, müsst ihr zumindest gegenwärtig sein, das heißt bewusst dabei sein im Moment der Verteilung.

Ich werde daher an dieser Stelle die Empfehlung wiederholen, die ich euch bereits für die ersten zwölf Tage des Jahres gegeben habe. Jeder repräsentiert einen Monat. Bemüht euch daher, diese ersten zwölf Tage so gut wie möglich zu leben, um dem ganzen Jahr ein solides Fundament zu geben. Da keine unserer Handlungen und auch keiner unserer psychischen Zustände ohne Folgen bleibt, müssen wir ihnen da, in eben diesem Augenblick, unsere volle Aufmerksamkeit schenken.

Auf der physischen, materiellen Ebene weiß jeder, dass eine ungeschickte Geste, ein Moment der Unaufmerksamkeit ein Leben zerstören kann. Darum gibt es auch so viele Vorsichtsmaßnahmen. Auf den Straßen sieht man Schilder mit verschiedenen Bedeutungen: »Gefährliche Kurve«, »Rutschgefahr«, »Bauarbeiten« und so weiter. Und wie viele Produkte tragen den Hinweis »Nicht zum Verzehr geeignet«! Es wäre unmöglich, all die Hinweise aufzuzählen, die auf diese Weise gegeben werden, damit die Menschen nicht ihre Gesundheit oder sogar ihr Leben oder das von anderen gefährden. Denn genau jetzt, in dieser Sekunde können sie irreparable Schäden anrichten, und es bleibt nichts übrig von ihren schönen Zukunftsplänen.

Im psychischen, moralischen Leben existieren solche Straßenschilder und Etiketten nicht, die jeden darauf hinweisen, dass ein schlechter Impuls, dem wir uns kurzzeitig überlassen, Unordnung in unserer Seele, in unserem Intellekt, in unserem Herzen hervorrufen wird, und manchmal sogar bis hinein in unseren physischen Körper. Darum ist es für das spirituelle Leben noch viel wichtiger, sich des jeweiligen Augenblicks bewusst zu sein.[4]

Das Dasein ist eine lange Kette von Momenten, die man einen nach dem anderen bewusst leben sollte. Wenn ihr euch ständig in die Zukunft versetzt, ist das so, als würdet ihr Verbindungsglieder auslassen. Was könntet ihr mit einem Stück Kette anfangen, das mit nichts verbunden ist? Man erschafft seine Zukunft nicht dadurch, dass man mit dem Ende beginnt, und sich eine schöne Zukunft vorzustellen, wird eure Gegenwart nicht in Ordnung bringen. Beginnt mit dem Anfang, bewältigt schrittweise die einzelnen Etappen und ihr werdet immer höher steigen, bis zum Gipfel.

Hört ihr vielleicht von mir lieber illusorische Versprechen von Erfolg und Glückseligkeit? Leider kann ich euch aber nur die Wahrheit sagen: Euer zukünftiges Glück liegt in der Arbeit, in der Anstrengung. All die Anstrengungen, die ihr leistet, werden oben im Buch des Lebens eingetragen,[5] und wie viele Segnungen warten dank dieser Anstrengungen auf euch! Wenn ihr sie empfangen werdet, wird man euch auf die Frage: »Warum diese Geschenke?« antworten: »Weil ihr euch durch eure Arbeit bis zu den Regionen des Lichts erhoben habt und ihr das Licht und den Frieden auch Menschen gebracht habt, die sich in Elend und Finsternis befanden.«

Mehr kann ich euch nicht sagen. Macht weiter, geht auf dem Weg des Lichts. Was wird euch dort am Ende dieses Weges erwarten? Ihr werdet es herausfinden, wenn ihr am Ziel seid und ihr werdet überwältigt sein.

Anmerkungen

1. Siehe auch Band 242 der Reihe Izvor »Unerschöpfliche Quellen der Freude«, Kap. XII: »Die ungeahnten Schätze der Geduld«.
2. Siehe auch Band 224 der Reihe Izvor »Die Kraft der Gedanken«, Kap. IV: »Leben und Kreisen der Gedanken«.
3. Siehe auch Band 301 der Reihe Broschüren »Das neue Jahr«.
4. Siehe auch Band 243 der Reihe Izvor »Das Lächeln des Weisen«, Kap. II: »Wie ein Hirte über seine Schafe wacht« und Kap. III: »Die Grenzen unserer Seele schützen«.
5. Siehe auch Band 243 der Reihe Izvor »Das Lächeln des Weisen«, Kap. 13 »Möge euer Name im Buch des Lebens eingetragen sein«.

## BIBLISCHE QUELLENANGABEN

**»Noch eine kleine Zeit ist das Licht unter euch«**
Jh 12,35 auf Seite 16

**»Wenn du Almosen gibst, lass deine linke Hand nicht wissen, was deine rechte tut«**
Mt 6,3 auf Seite 18-39

**Erzengel Michael bekämpft den Drachen**
Apokalypse 12,7-10 auf Seite 25

**Und der Drache schoss Wasser gegen die Frau**
Apokalypse 12,13-17 auf Seite 25

**Das Tier, das aus dem Meer steigt**
Apokalypse 13,1-10 auf Seite 25

**Das Tier, das aus der Erde steigt**
Apokalypse 13,11-18 auf Seite 25

**Jesus und die Samariterin**
Jh 4,1-30 auf Seite 48

**»Wer aber von dem Wasser trinken wird, das ich ihm geben werde«**
Jh 4,13-19 auf Seite 48

**»Darum sollt ihr vollkommen sein wie euer Vater im Himmel«**
Mt 5,48 auf Seite 50

**»So seid nun nicht besorgt um den morgigen Tag!«**
Mt. 6,34 auf Seite 40 und Seite 54-61

**»Seht hin auf die Vögel des Himmels«**
Mt 6,26 auf Seite 55

**»Nehmt nichts mit auf den Weg«**
Lk 9,3 auf Seite 56

**Gleichnis von den fünf weisen und den fünf törichten Jungfrauen**
Mt. 25,13 auf Seite 69

**»Nichtigkeit der Nichtigkeiten, alles ist Nichtigkeit«**
Der Prediger Salomon 1,2 auf Seite 72

**»Und denke an deinen Schöpfer in den Tagen deiner Jugendzeit«**
Der Prediger Salomon 12,1 auf Seite 72

**»Wenn du nun deine Gabe darbringst auf dem Altar«**
Mt 5,23-27 auf Seite 75

**»Die Sonne gehe nicht unter über eurem Zorn«**
Brief des Paulus an die Epheser 4,26 auf Seite 76

**Die sieben Geister vor dem Thron Gottes**
Apokalypse 1,4 auf Seite 89

**Gott belehrte Joshua wie er Jericho einnehmen sollte**
Das Buch Joshua 6,1-7 auf Seite 119

**Gott befahl Abraham, sein Land zu verlassen**
Genesis 12,1 auf Seite 119

**Gott befahl Moses, die Hebräer aus Ägypten zu führen**
Exodus 3,7-10 auf Seite 119

**Gott befahl Noah, eine Arche zu bauen**
Genesis 6,13-22 auf Seite 119

**Jona, seine Geschichte**
Jona 1 und 2 auf Seite 119

**»...befahl der Herr dem Fisch, Jona auf das trockene Land auszuspeien«**
Jona 2,11 auf Seite 120

**Gleichnisse von den Dienern**
Mt 18,23-35; 20,1-16; 24,45-51; 25,14-30 und Lk 12,37-39; 16,1-13 auf Seite 124

**»Oh Ewiger, ich bin dein Diener«**
Psalm 116,16 auf Seite 126

**»Mein Vater wirkt bis auf diesen Tag, und ich wirke auch.«**
Jh 5,17 auf Seite 137

**»Meister, ich will dir folgen, wohin du gehst«**
Lk 9,57-59 und Mt 8,19 auf Seite 140

**Salomon erbaut den Tempel in Jerusalem**
1. Könige 6. 1-38 auf Seite 142

**Gleichnis vom verlorenen Sohn**
Lk 15,11-31 auf Seite 146

*Vom selben Autor:*
**Taschenbuch-Reihe Izvor**

**200 - Hommage an Meister Peter Danov**
O. M. Aivanhov erzählt von seinen Erlebnissen mit seinem Meister Peter Danov.

**201 - Auf dem Weg zur Sonnenkultur**
Die Sonne, Begründerin der Kultur – Surya-Yoga – Die Suche nach dem Zentrum – Die nährende Sonne – Der Solarplexus – Der Mensch, Abbild der Sonne – Die Geister der sieben Lichter – Die Sonne als Vorbild – Die wahre Sonnenreligion.

**202 – Der Mensch erobert sein Schicksal**
Das Gesetz von Ursache und Wirkung – »Du sollst das Feine vom Dichten sondern« – Entwicklung und Schöpfung – Menschliche und göttliche Gerechtigkeit – Das Gesetz der Wechselwirkungen – Die Gesetze der Natur und die Gesetze der Moral – Die Reinkarnation.

**203 – Die Erziehung beginnt vor der Geburt**
Zuerst müssen die Eltern erzogen werden – Die Erziehung beginnt schon vor der Geburt – Ein Entwurf für die Zukunft der Menschheit – Kümmert euch um eure Kinder – Eine neue Auffassung der mütterlichen Liebe – Das magische Wort – Ein Kind braucht immer eine Beschäftigung – Liebe ohne Schwäche – Erziehung und Belehrung.

**204 – Yoga der Ernährung**
Die Ernährung betrifft das ganze Wesen – Hrani-Yoga – Die Nahrung, ein Liebesbrief des Schöpfers – Die Auswahl der Nahrung – Der Vegetarismus – Die Ernährung und ihre Moral – Das Fasten – Vom Abendmahl – Der Sinn der Segnung – Die Arbeit des Geistes an der Materie – Das Gesetz vom Austausch.

**205 – Die Sexualkraft oder der geflügelte Drache**
Der geflügelte Drache – Liebe und Sexualität – Die Sexualkraft, Voraussetzung für das Leben auf Erden – Vom Vergnügen – Die Gefahren des Tantrismus – Lieben ohne Gegenliebe zu erwarten – Die geistige Liebe, eine Nahrung auf höherer Ebene – Das hohe Ideal - Transformator der Sexualkraft – Öffnet der Liebe einen Weg nach oben.

**206 – Eine universelle Philosophie**

Einige Erklärungen zum Begriff »Sekte« – Keine Kirche ist ewig – Die Grundlagen einer universellen Religion – Die Große Universelle Weiße Bruderschaft – Wie man den Begriff »Familie« erweitert – Die Bruderschaft, ein höherer Bewusstseinsgrad – Die Kongresse der Bruderschaft in Le Bonfin – Jeder Aktivität eine universelle Dimension geben.

**207 – Was ist ein geistiger Meister?**

Wie man einen wirklichen geistigen Meister erkennt – Von der Notwendigkeit eines geistigen Führers – Spielt nicht den Zauberlehrling! – Spiritualität nicht mit Exotik verwechseln – Vom Ausgleich zwischen geistiger und materieller Welt

**208 – Das Egregore der Taube. Innerer Friede und Weltfrieden**

Der tiefere Sinn des Friedens – Die Völkervereinigung und ihre Vorteile – Aristokratie und Demokratie – Kopf und Bauch – Vom Geld – Über die Verteilung des Reichtums – Für ein neues Verständnis der Wirtschaft – Was jeder Politiker wissen sollte – Das Reich Gottes.

**209 – Weihnachten und Ostern in der Einweihungslehre**

Das Weihnachtsfest – Die zweite Geburt – Das Erwachen auf den verschiedenen Ebenen – »Wenn ihr nicht sterbt, so werdet ihr nicht leben!« – Die Auferstehung und das Jüngste Gericht – Der Lichtkörper.

**210 – Die Antwort auf das Böse**

Die zwei Bäume des Paradieses – Das Gute und das Böse - Zwei Kräfte, die das Rad des Lebens drehen – Jenseits von Gut und Böse – Das Gleichnis von Spreu und Weizen– Die Philosophie der Einheit – Die drei großen Versuchungen – Die Frage der Unerwünschten – Über den Selbstmord – Das Böse durch Licht und Liebe besiegen

**211 – Die Freiheit, Sieg des Geistes**

Die psychische Struktur des Menschen – Die Beziehungen zwischen Geist und Körper – Schicksal und Freiheit – Der befreiende Tod – Die wahre Freiheit – Sich begrenzen, um sich zu befreien – Anarchie und Freiheit – Über den Begriff der Hierarchie – Die innere Synarchie.

**212 – Das Licht, lebendiger Geist**

Das Licht, Essenz der Schöpfung – Die Sonnenstrahlen: ihre Natur und ihre Aktivität – Das Gold, kondensiertes Sonnenlicht – Das Licht, das es möglich macht zu sehen und gesehen zu werden – Die Arbeit mit dem Licht – Das Prisma, Bild des Menschen – Die Reinheit – Der Laserstrahl im geistigen Leben.

**213 – Die menschliche und göttliche Natur in uns**
Menschlich... oder tierisch? – Die niedere Natur, eine Spiegelung der höheren Natur – Auf der Suche nach unserer wahren Identität – Über die Möglichkeit, den Begrenzungen der niederen Natur zu entgehen – Die Sonne, Symbol der göttlichen Natur – Die niedere Natur beherrschen und als Energiequelle benutzen – Die Stimme der göttlichen Natur.

**214 – Liebe, Zeugung und Schwangerschaft**
Die geistige Galvanoplastik – Mann und Frau - Abbild des männlichen und weiblichen Prinzips – Die Ehe – Lieben ohne Anspruch – Wie man der Liebe eine edlere Ausdrucksform gibt – Der Liebesakt aus der Sicht der Einweihungslehre – Die Sexualkraft, Bestandteil der Sonnenenergie – Die Zeugung eines Kindes – Die Schwangerschaft.

**215 – Die wahre Lehre Christi**
»Vater unser, der Du bist im Himmel« – »Ich und der Vater sind eins« – »Seid vollkommen, wie euer Vater im Himmel vollkommen ist« – »Sucht zunächst das Reich Gottes und seine Gerechtigkeit« – »Wie im Himmel, so auf Erden« – »Wer mein Fleisch isst und mein Blut trinkt, hat das ewige Leben« – »Vater vergib ihnen, denn sie wissen nicht, was sie tun«.

**216 – Geheimnisse aus dem Buch der Natur**
Das Buch der Natur – Tag und Nacht – Quelle und Sumpf – Die Vermählung, ein universelles Symbol – Die Arbeit mit den Gedanken zur Gewinnung der Quintessenz – Die Macht des Feuers – Die entschleierte Wahrheit – Der Hausbau – Rot und weiß – Der Strom des Lebens.

**217 – Ein neues Licht auf das Evangelium**
»Man füllt nicht jungen Wein in alte Schläuche« – »Wenn ihr nicht werdet wie die Kinder« – »Sammelt euch Schätze« – »Gehet ein durch die enge Pforte« – »Wer auf dem Dach ist...« – Der Sturm, der sich gelegt hat – »Die Ersten werden die Letzten sein«.

**218 – Die geometrischen Figuren und ihre Sprache**
Die Symbolik der geometrischen Figuren – Der Kreis – Das Dreieck – Das Pentagramm – Die Pyramide – Das Kreuz – Die Quadratur des Kreises.

**219 – Geheimnis Mensch**
Die menschliche Evolution und die Entwicklung der spirituellen Organe – Die Aura – Das Sonnengeflecht – Das Harazentrum – Die Kundalinikraft – Das System der Chakras.

## 220 – Der Tierkreis, Schlüssel zu Mensch und Kosmos

Der vom Tierkreis abgegrenzte Raum – Die Entwicklung des Menschen und der Tierkreis – Der planetarische Zyklus der Stunden und Wochentage – Das Kreuz des Schicksals – Wasser- und Feuerdreieck – Der Stein der Weisen: Sonne, Mond und Merkur – Die 12 Stämme Israels und die 12 Heldentaten des Herkules in Verbindung mit dem Tierkreis.

## 221 – Alchimistische Arbeit und Vollkommenheit

Die geistige Alchimie – Charakter und Temperament – Das Erbe aus dem Tierreich – Die Angst – Die Einprägungen – Das Veredeln – Die Verwendung der Energien – Das Opfer, Umwandlung der Materie – Eitelkeit und göttlicher Ruhm – Hochmut und Demut.

## 222 – Die Psyche des Menschen

»Erkenne dich selbst« – Verchiedene Seelen und Körper – Herz, Intellekt, Seele und Geist – Die Schulung des Willens – Körper, Seele und Geist – Vom Intellekt zur Intelligenz – Die wahre Erleuchtung – Der Kausalkörper – Das Bewusstsein – Das Unterbewusstsein – Das höhere Ich.

## 223 – Geistiges und künstlerisches Schaffen

Kunst, Wissenschaft und Religion – Die göttlichen Quellen der Inspiration – Die Aufgabe der Phantasie – Poesie und Prosa – Die Stimme – Chorgesang – Die beste Weise, Musik zu hören – Magie der Gestik – Die Schönheit – Idealisieren als Mittel zum Schaffen – Das lebendige Meisterwerk – Der Aufbau des Tempels.

## 224 – Die Kraft der Gedanken

Von der Wirklichkeit der spirituellen Arbeit – Wie stellen wir uns die Zukunft vor – Die psychische Verschmutzung – Wie die Gedanken sich in der Materie verwirklichen – Die Kraft des Geistes – Einige Gesetze, die bei der geistigen Arbeit zu beachten sind – Das Denken als hilfreiche Waffe – Die Kraft der Konzentration – Die Grundlagen der Meditation – Das schöpferische Gebet

## 225 – Harmonie und Gesundheit

Das Wesentliche ist das Leben – Die Welt der Harmonie – Harmonie und Gesundheit – Die spirituellen Grundlagen der Medizin – Atmung und Ernährung – Die Atmung – Die Ernährung – Wie man unermüdlich werden kann – Die Pflege der Zufriedenheit.

## 226 – Das Buch der göttlichen Magie

Die Wiederkehr magischer Praktiken und ihre Gefahr – Der magische Kreis: die Aura – Der magische Stab – Das magische Wort – Die

Talismane – Über die Zahl dreizehn – Der Mond, Gestirn der Magie – Die Zusammenarbeit mit den Naturgeistern – Blumen, Düfte – Wir alle üben Magie aus – Die drei magischen Hauptgesetze – Die Hand – Der Blick – Die magische Kraft des Vertrauens.

**227 – Goldene Regeln für den Alltag**

Das kostbarste Gut: das Leben – Bringt materielles und geistiges Leben in Übereinstimmung – Widmet euer Leben einem erhabenen Ideal – Essen: eine Yogaübung – Die Atmung –Wie man wieder zu Kräften kommt – Wahre Liebe macht unermüdlich – Gestaltet euer Innenleben – Die Außenwelt spiegelt eure Innenwelt wider – Lebt ganz in der Gegenwart – Achtet immer auf den Anfang – Bittet um Licht, bevor ihr handelt – Sich seiner Denkgewohnheiten bewusst werden – Gebt der Praxis den Vorzug

**228 – Einblick in die unsichtbare Welt**

Das Sichtbare und das Unsichtbare – Das begrenzte Wahrnehmungsvermögen des Intellekts und das unbegrenzte Wahrnehmungsvermögen der Intuition – Sollte man sich von Hellsehern beraten lassen? – Liebt, und eure Augen werden sich auftun – Die Botschaften des Himmels – Sichtbares und unsichtbares Licht – Die höchsten Entwicklungsstufen der Hellsichtigkeit – Das spirituelle Auge – Gottesvision – Traum und Wirklichkeit – Der Schlaf, Spiegelbild des Todes – Wie man sich im Schlaf schützen kann.

**229 – Wege der Stille**

Lärm und Stille – Verwirklichung der inneren Stille – Laßt eure Sorgen vor der Tür – Eine Übung: in Stille essen – Die Stille, ein Energiespeicher – Die Wesenheiten der Stille – Harmonie als Voraussetzung der inneren Stille – Die Stille, Voraussetzung der Gedanken – Suche nach Stille, Suche nach Gott – Wort und Logos – Das Wort eines Meisters in der Stille – Stimme der Stille, Stimme Gottes – Die Offenbarungen des Sternenhimmels.

**230 – Die Himmlische Stadt**

Besucht auf Patmos – Einführung in die Offenbarung – Melchisedek und die Lehre von den beiden Prinzipien – Johannes-Briefe an die Gemeinden – Die Vierundzwanzig Ältesten und die vier Heiligen Tiere – Das Buch und das Lamm – Die 144 000 Diener Gottes – Die Frau und der Drache – Erzengel Michael streckt den Drachen nieder – Das Hochzeitsfest des Lammes – Der für tausend Jahre gefesselte Drache – Der Neue Himmel und die Neue Erde – Die Fundamente aus Edelsteinen – Die Tore aus Perlen – Das Kommen des Neuen Jerusalem.

**231 – Saaten des Glücks**
Arbeitet an euch selbst, und ihr werdet glücklich! – Spirituelles Licht bringt das wahre Glück – Der Sinn des Lebens – Friede und Glück – Seid lebendig, um glücklich zu sein! – Öffnet euch immer mehr der göttlichen Welt! – Der Geist steht über den Gesetzen des Schicksals – Die Suche nach Glück ist die Suche nach Gott – Für Selbstsüchtige gibt es kein Glück – Gebt, ohne etwas dafür zu erwarten! – Liebt, ohne Gegenliebe zu verlangen! – Von der Nützlichkeit der Feinde – Wir gestalten selbst unsere Zukunft.

**232 – Feuer und Wasser, Wunderkräfte der Schöpfung**
Wasser und Feuer, Grundprinzipien der Schöpfung – Das Geheimnis der Verbrennung – Die Entdeckung des Wassers – Wasser und Zivilisation – Eine lebendige Kette: Sonne, Erde. Wasser – Die Arbeit des Schmiedes – Das Gebirge, Mutter des Wassers – Vom physischen Wasser zum spirituellen Wasser – Nährt eure Flamme – Das Feuer ist das Mittel der Verwirklichung – Der Kreislauf des Wassers: Die Reinkarnation – Der Zyklus der Wassers: Liebe und Weisheit – Die Flamme der Kerze – Wie man das Feuer anzündet und erhält – Das Wasser, Medium universalis – Der Zauberspiegel – Der Baum des Lichtes – Das Herabsteigen des Heiligen Geistes – Bilder als Begleiter auf unserem Lebensweg.

**233 – Eine Zukunft für die Jugend**
Die Grundlage unserer Existenz ist der Glaube an einen Schöpfer – Der Sinn für das Heilige – Den richtigen Weg einschlagen – Studieren genügt nicht, um dem Leben einen Sinn zu geben – Der Charakter ist wichtiger als alles Wissen – Erfolg wie Misserfolg meistern – Warum wird man in diese oder jene Familie hineingeboren? – Lernt aus den Erfahrungen der Älteren! – Gebt euch nie geschlagen! – Lasst euch nicht durch eure Fehler entmutigen!

**234 – Die Wahrheit, Frucht der Weisheit und der Liebe**
Die Suche nach der Wahrheit – Weisheit und Liebe oder Licht und Wärme – Die Liebe des Schülers, die Weisheit des Meisters – Der Kern der Wahrheit – Der blaue Strahl der Wahrheit – Über Geschmack lässt sich nicht streiten – Objektive und subjektive Welt – Wissenschaftlicher Fortschritt und moralischer Fortschritt – Traum undWirklichkeit – Die Wahrheit jenseits von Gut und Böse – Die Wahrheit wird euch frei machen

**235 – Im Geist und in der Wahrheit**
Das Gerüst des Universums – Das göttlche Amt für Gewichte und Maße – Die Verbindung mit dem Zentrum – Die Eroberung des

Gipfels – Von der Vielfalt zur Einheit – Die Errichtung des Gebäudes – Die Kontemplation der Wahrheit: Die entschleierte Isis – Das Lichtkleid – Die Haut, Organ der Erkenntnis – Der Duft des Garten Eden – Im Geist und in der Wahrheit – Das Bild als einfache Stütze für das Gebet – Überreste sind nichts als Spuren ohne Geist – Nur im Geist begegnet man den Wesen wirklich – Die Sonne, Quintessenz jeder wahren Religion – Die Wahrheit der Sonne: Das Geben – Das Reich Gottes ist in uns.

### 236 – Weisheit aus der Kabbala

Der lebendige Strom zwischen Gott und Mensch – Vom Menschen zu Gott: Der Hierarchiebegriff – Darstellung des Lebensbaums – Die Engelshierarchien – Die Namen Gottes – Die Sephiroth der mittleren Säule – Ain Soph Aur: Licht ohne Ende – Die Materie des Universums: das Licht – »Als der Ewige den Kreis zog über den Fluten der Tiefe...« – Das Reich Gottes gleicht einem Senfkorn – Die kosmische Familie und das Mysterium der Heiligen Dreifaltigkeit – Der Körper des Adam Kadmon – Malkuth, Jesod, Hod, Tiphereth: Die Erzengel und die Jahreszeiten – Der Sephirothbaum, Symbol der Synarchie – Jesod: Die Grundlage des spirituellen Lebens – Die Schicksalsgesetze – Chokmah, das schöpferische Wort – Jesod, Tiphereth, Kether: Die Sublimierung der Sexualkraft – Das Gebet Salomons.

### 237 – Das kosmische Gleichgewicht - Die Zahl 2

Die kosmische Waage - Die Zahl 2 – Das Pendeln der Waage – Die 1 und die 0 – Der jeweilige Platz des Männlichen und des Weiblichen – Gott steht über dem Guten un dem Bösen – Der weiße und der schwarze Kopf – Zyklische Schwankungen und Gegenpole: Das Gesetz der Gegensätze – Die Symbole der 8 und des Kreuzes – Der Äskulapstab des Hermes – Prinzip des Lebens und Prinzip des Todes: Iona und Horev – Das Dreieck Kether-Chesed-Geburah – Das Gesetz des Austauschs – Der Schlüssel und das Schloss – Die Arbeit des Geistes an der Materie – Die Vereinigung des Ichs mit dem physischen Körper – Das Sakrament der Eucharistie – Der Mythos des androgynen Menschen – Die Verschmelzungmit der universellen Seele und dem kosmischen Geist

### 238 – Der Glaube versetzt Berge

Glaube, Hoffnung und Liebe – Das Senfkorn – Wahrer Glaube und persönliche Überzeugung – Wissenschaft und Religion – Der Glaube geht immer dem Wissen voran – Die Wiederentdeckung des verborgenen Wissens – Die Religion ist nur eine Form des Glaubens – Unsere göttliche Abstimmung – Der Beweis für die Existenz

Gottes ist in uns – Die Identifikation mit Gott – Gott ist das Leben – Gott in der Schöpfung – Rabota, vreme, vera: Arbeit, Zeit, Glaube.

**239 – Die Liebe ist größer als der Glaube**

Die Ungewissheiten des modernen Menschen – Der zerstörerische Zweifel: – Der heilsame Zweifel – »Dein Glaube hat dir geholfen« – »Dir geschehe nach deiner Einstellung!« – Nur unser Tun bezeugt unseren Glauben – Bewahrt euren Glauben an das Gute – »Wenn ihr nicht werdet wie die Kinder...« – Die Liebe ist größer als der Glaube – Worauf das wahre Vertrauen gründet – »Liebt einander, wie ich euch geliebt habe«

**240 – Söhne und Töchter Gottes**

»Ich bin gekommen, damit sie das Leben haben« – Das Blut, Träger der Seele – Wer sein Leben retten will, wird es verlieren – Lass die Toten ihre Toten begraben – Gott hat die Welt so geliebt, dass er seinen einzigen Sohn hingab – Jesus, Hohepriester nach der Ordnung Melchisedeks – Der Mensch Jesus und das kosmische Prinzip des Christus – Weihnachten und Ostern: Zwei Seiten aus dem Buch der Natur – Die Geburt des Christuskindes – Jesus, tot und auferstanden? – Das Opfer von Jesus am Kreuz: Die Kräfte des Blutes – »Aus seinem Leib werden Ströme lebendigen Wassers fließen« – Ein Sohn Gottes ist allen Menschen ein Bruder – Die Erde bevölkern mit Söhnen und Töchter Gottes

**241 - Der Stein der Weisen**

»Der Buchstabe tötet und der Geist belebt« – Das Wort Gottes – »Ihr seid das Salz der Erde« – »Was zum Mund hineingeht, das macht den Menschen nicht unrein...« – Der Materie das Siegel des Geistes einprägen – Die Quelle der Energien – Wenn das Salz seinen Geschmack verliert – Den Geschmack des Salzes kosten: die göttliche Liebe – »Ihr seid das Licht der Welt« – Das Salz der Alchimisten – »Und wie alle Dinge aus dem Einen entstammen« – Die alchimistische Arbeit: Die 3 über der 4 – Der Stein der Weisen, Frucht einer mystischen Vereinigung – Der Stein der Weisen: Frucht einer mystischen Vereinigung – Die Regeneration der Materie: das Kreuz und der Tiegel – Der Mai-Tau – Die Entfaltung des göttlichen Keims – Das Gold des echten Wissens: Der Alchimist und der Goldsucher.

## 242 – Unerschöpfliche Quellen der Freude

Gott, Ursprung und Ziel unserer Reise – Sich auf den Weg machen – Das Leiden als Antrieb – Gottes Antworten in sich selbst suchen – In der Schule des Lebens: Die Lektionen der Kosmischen Intelligenz – »Wie ein Fisch im Wasser« – Gegenüber himmlischen Wesenheiten eingegangene Verpflichtungen – Ohne Angst voranschreiten – Einzig das Licht des Geistes darf uns führen – Unsere Zugehörigkeit zum Lebensbaum – Was es bedeutet, ins »Ausland« zu gehen – Die ungeahnten Schätze der Geduld – »Und ihr werdet alle Menschen auf den Weg der Freude mitziehen« – Sich immer wieder einen neuen Gipfel als Ziel nehmen – Damit die Liebe uns nicht mehr verlässt – Die Pforten zur Traumwelt öffnen – Der Besuch der Engel – Der lange Weg zur Freude.

## 243 – Das Lächeln des Weisen

Der Weise lebt in der Hoffnung – Wie ein Hirte über seine Schafe wacht – Die Grenzen unserer Seele schützen – Die Erwartung, die uns wach hält – Der Ernst, die Tränen, das Lachen, das Feiern – Die Lampe des Weisen ist voller Heiterkeit – Der Sieg über das Leiden: Das Lächeln Gottes – »Der Größte unter euch soll euer Diener sein« – Dank: Quelle von Licht und Freude – Möge euer Name im Buch des Lebens eingetragen sein – Beim Festmahl.

## 244 – Dem Licht entgegen

Um sich nicht mehr sagen zu müssen: wenn ich gewusst hätte...! – »Lass deine linke Hand nicht wissen, was deine rechte tut« – Die symbolische Bedeutung von rechts und links – Die beiden Hände Gottes – Programm für den Tag und Programm für die Ewigkeit – »Seid nicht besorgt um den morgigen Tag« – Allein die Gegenwart gehört uns – Bevor die Sonne untergeht – Der Übergang ins Jenseits – Das Leben ohne Grenzen – Die Bedeutung der Bestattungsrituale – Unsere Beziehungen zu den Familiengeistern – Was ist der Wille Gottes? – Im Dienste des göttlichen Prinzips – Bis zum Altar des Herrn aufsteigen – Schreitet weiter voran! – An der Schwelle eines neuen Jahres.

*Vom selben Autor:*

**Reihe Gesamtwerke**

**Band 1 - Das geistige Erwachen**

Geboren aus Wasser und Geist – „Bittet, so wird euch gegeben. Suchet, so werdet ihr finden. Klopfet an, so wird euch aufgetan." – In den Augen offenbart sich die Wahrheit – Die Ohren bergen die Weisheit – Von der Liebe kündet der Mund – Liebe, Weisheit, Wahrheit – Bei Meister Danov in Bulgarien Erlebtes – Die lebendige Kette der Universellen Weißen Bruderschaft.

**Band 2 - Die spirituelle Alchimie**

Sanftmut und Demut – Wenn ihr nicht sterbt, werdet ihr nicht leben – Lebendiger und bewusster Austausch – Der ungetreue Verwalter – »Sammelt euch Schätze...« – Das Wunder von den zwei Fischen und den fünf Broten – Die Füße und der Solarplexus – Das Gleichnis vom Weizen und vom Unkraut – Die spirituelle Alchimie – Die geistige Galvanoplastik – Die Rolle der Mutter während der Schwangerschaft.

**Band 3 - Die beiden Bäume im Paradies**

Das theozentrische, das biozentrische und das egozentrische System – Die beiden ersten Gebote – Was das menschliche Gesicht offenbart – Die magische Kraft der Gesten und des Blickes – »Schreitet voran, während ihr das Licht habt!« – Der Rat des Weisen – Das Gleichnis von den fünf klugen und den fünf törichten Jungfrauen – Das Öl der Lampe – Die beiden Bäume des Paradieses – Die Achsen Widder-Waage und Stier-Skorpion – Die Schlange in der Genesis – Die Heimkehr des verlorenen Sohnes

**Band 4 - Das Senfkorn**

Symbole im Neuen Testament – »Das ist aber das ewige Leben, dass sie Dich, den einzig wahren Gott, erkennen...« – Der weiße Stein – »Und wer auf dem Dach ist...« – »Wer mir nachfolgen will, nehme sein Kreuz auf sich« – Der Geist der Wahrheit – Die drei großen Versuchungen – Das Kind und der Greis – »Ach, dass du kalt oder warm wärest!« – »Das ist ein köstlich Ding, dem Herrn danken...« – Das Senfkorn – Der Baum über dem Fluss – »Wachset und mehret euch...«.

**Band 5 - Die Kräfte des Lebens**

Das Leben – Charakter und Temperament – Gut und Böse – Der Kampf mit dem Drachen – Anwesenheit und Abwesenheit – Gedanken sind lebendige Wesenheiten – Die unerwünschten Wesen – Die Kraft des Geistes – Das Opfer – Das hohe Ideal – Frieden.

**Band 6 - Die Harmonie**

Die Harmonie – Die Medizin muss auf einer esoterischen Philosophie gegründet sein – Die Zukunft der Medizin – Der Schüler muss die Sinne für die geistige Welt entwickeln – Was uns das Haus lehrt – Wie die Gedanken sich in der Materie verwirklichen – Die Meditation – Menschlicher Intellekt und kosmische Intelligenz – Sonnengeflecht und Gehirn – Das Harazentrum – Das geistige Herz – Die Aura.

**Band 7 - Die Reinheit, Grundlage geistiger Kraft**

Jesod spiegelt die Tugenden aller anderen Sephiroth wider – Wie die Reinheit zu verstehen ist – Die Ernährung, Ausgangspunkt einer Studie über die Reinheit – Die Auswahl – Die Reinheit und das geistige Leben – Die Reinheit in den drei Welten – Der Lebensstrom – Friede und Reinheit – Von der magischen Kraft des Vertrauens – Die Reinheit der Worte – Man muss sich erheben, um die Reinheit zu finden – »Selig, die reinen Herzens sind« – Die Tore des himmlischen Jerusalem – Liebe und Sexualität – Die Sünde wider den Heiligen Geist ist die Sünde wider die Liebe – Ergänzende Erläuterungen – Die Quelle – Das Fasten – Wie man sich waschen soll – Von der wahren Taufe – Wie man während der Atemübungen mit den Engeln der vier Elemente arbeitet.

**Band 9 - Im Anfang war das Wort – Kommentare zu den Evangelien**

»Im Anfang war das WORT« – »Man füllt keinen neuen Wein in alte Schläuche« – »Vaterunser« – »Suchet zunächst nach dem Reich Gottes und Seiner Gerechtigkeit« – »Die Ersten werden die Letzten sein« – Weihnachten – Der Sturm, der sich gelegt hat – »Die höchste Zuflucht« – »Vater, vergib ihnen, denn sie wissen nicht, was sie tun« – Die Sünde wider den Heiligen Geist ist die Sünde wider die Liebe – Die Auferstehung und das Jüngste Gericht – »Im Haus meines Vaters gibt es viele Wohnungen« – Der Körper der Auferstehung.

**Band 10 - Sonnen Yoga –**
**Pracht und Herrlichkeit von Tiphereth**

Die Sonne, Mittelpunkt des Universums – Wie man die ätherischen Lichtteilchen aus der Sonne aufnehmen kann – Unsere Seele nimmt beim Betrachten der Sonne deren Gestalt an – Unser höheres Ich wohnt in der Sonne – Die Sonne bringt die Samen zum Wachsen, die der Schöpfer in uns gelegt hat – Wie man die Heilige Dreifaltigkeit in der Sonne wiederfindet – Alle Geschöpfe haben ihr Zuhause – Der Rosenkranz der sieben Perlen – Der Meister im Rosenkranz der sieben Perlen – Jedes Geschöpf soll seine Wohnstätte schützen – Die Aura – Der heliozentrische Standpunkt – Liebt wie die Sonne! – Ein Meister soll wie die Sonne im Mittelpunkt bleiben – Steigt über die Wolken! – Die Sephira Tiphereth – Die Geister der 7 Lichtstrahlen – Das Prisma als Sinnbild des Menschen – Der neue Himmel und die neue Erde – Die Sonne kann das Problem der Liebe lösen – Die Telesma-Kraft – Die Sonne ist Gottes Ebenbild – »Im Geist und in der Wahrheit« – Christus und die Sonnenreligion – Tag und Nacht (Bewusstsein und Unterbewusstsein) – Die Sonne ist der Begründer der Kultur – Die Sonne und die Lehre von der Einheit – Die Sonne ist der beste Pädagoge, weil sie ein Vorbild darstellt – Die Sonne, das Herz des Universums – Die drei Arten von Feuer – Richtet alles auf ein einziges Ziel aus.

**Band 11 - Der Schlüssel zur Lösung der Lebensprobleme**

Die Personalität ist der niedere Ausdruck der Individualität – Der Mensch soll zu seiner Individualität zurückfinden – Sinn und Ziel von Jnani-Yoga – Vom Nehmen und Geben (Sonne, Mond und Erde) – Personalität und Individualität: Die Begrenzung der unteren Welt – Die unendliche Weite der höheren Welt – Die Individualität bringt das wahre Glück – In der Personalität absterben, um in der Individualität aufzuleben – Der eigentliche Sinn der Gärung aus esoterischer Sicht – Die Individualität wünscht Gottes Willen zu tun – Das Gleichnis vom Baum – Zwei Arbeitsmethoden zur Bewältigung der Personalität – Wie sich der Mensch von seiner Personalität ausbeuten lässt – Aus der Sicht der Individualität – Über den Sinn des Opfers in den Religionen – Die Individualität allein vermag das durch die Personalität gestörte Gleichgewicht wieder herzustellen – »Gebt dem Kaiser, was des Kaisers ist!« – Die Personalität ist der Sockel der Individualität – Sucht nach himmlischen Verbündeten zum Kampf gegen die Personalität! – Vom richtigen Einsatz der Kräfte der Personalität – Wie man die inneren Tiere bezähmt – Die Sexualkraft kann zur Entwicklung der höheren Natur genutzt werden – Das Wirken für die weltweite Verbrüderung.

**Band 12 - Die Gesetze der kosmischen Moral**

Ihr werdet ernten, was ihr gesät habt – Die Wahl ist wichtig: Sucht die Arbeit und nicht das Vergnügen – Schöpferische Tätigkeit als Mittel zur inneren Entwicklung – Die Gerechtigkeit – Das Gesetz der Affinität und der Frieden – Das Gesetz der Affinität und die wahre Religion – Naturgesetze und moralische Gesetze – Die Reinkarnation – Macht nicht auf halbem Wege halt – Über den rechten Gebrauch der eigenen Energien – Wie man die Quintessenz erlangt – Die Moral der Quelle – Warum wir unsere Vorbilder in den höheren Regionen suchen sollen – Durch seine Gedanken und Gefühle wirkt der Mensch schöpferisch auf die unsichtbare Welt ein – Lasst die Verbindung nicht abbrechen – »Bist du Licht, dann gehst du zum Licht« – Das ätherische Doppel – Die neuen Muster – Die Moral bekommt ihre volle Bedeutung in der jenseitigen Welt – Die beste pädagogische Methode ist das Beispiel – »Wenn dich jemand auf die rechte Backe schlägt«.

**Band 13 - Die neue Erde**

Gebete – Am Morgen – Für den Tag – Am Abend – Die Ernährung – Das Verhalten – Laster und Schwächen – Negative Gemütsverfassung – Schwierige Lebenslagen – Anleitungen zur Reinigung und Läuterung – Mitmenschliche Beziehungen – Beziehungen zur Natur – Die Sonne – Die Sterne – Das Wirken mit der Denkkraft – Die geistige Galvanoplastik – Der Solarplexus – Das Hara-Zentrum – Das Wirken mit dem Licht – Die Aura – Der Lichtleib – Einige Sprüche und Gebete – Spirituelle Gymnastikübungen.

**Band 14/15 - Liebe und Sexualität**

Band 14: Die beiden Prinzipien männlich und weiblich – Den Stier bei den Hörnern packen – Die Kraft des Drachens – Geist und Materie, die Sexualorgane – Die Eifersucht – Die zwölf Tore von Mann und Frau – Die Vergeistigung der Sexualkraft – Lernt richtig zu essen, um lieben zu lernen – Die Rolle der Frau in der neuen Kultur – Die Bedeutung der Nacktheit in der Einweihung – Liebe ist im ganzen Weltall enthalten – Wie kann man den Begriff der Ehe erweitern? – Die Schwesterseele – Die Frage der Bindungen.

Band 15: Die wahre Ehe: Geist und Materie – Die Sonne, Quelle der Liebe – Die Vestalinnen oder die neue Eva – Gebt der Liebe ihre Reinheit zurück – Die Liebe verwandelt die Materie – Die Aufgabe eines Schülers – Tantra-Yoga – Nutzt die Kräfte der

Liebe in rechter Weise – Das Glück liegt in der Erweiterung des Bewusstseins – “Was ihr auf Erden binden werdet...” – Die wahren Waffen: Liebe und Licht – Auf dem Weg zur großen Familie.

**Band 16 - Alchimie und Magie der Enährung - Hrani-Yoga**

Die Bedeutung des Kauens und der Atmung – In Stilleessen – Nicht bis zur Sättigung essen – Das Segnen der Nahrung – Bedeutung und spirituelle Dimension der Ernährung – Meditation vor der Mahlzeit – Das Töten der Tiere und das Gesetz der Gerechtigkeit – Die Nahrung, ein Liebesbrief des Schöpfers – In Stille essen, um die Stimme der Nahrung zu vernehmen – Die Mahlzeit, magische und heilige Zeremonie – Ob gut oder böse, was ihr euch selbst zufügt, fügt ihr auch der ganzen Menschheit zu – Die Nahrung und die Engel der 4 Elemente –Sich durch die Haut ernähren – Weiße und schwarze Magie – Das Mysterium des heiligen Abendmahls – Die wahre Kommunion – Indem man bewusst isst erlangt man Macht über die Materie.

**17/18 Erkenne Dich selbst – Jnani-Yoga**

Band 17: Die synoptische Tafel – Der Geist und die Materie – Die Seele – Das Opfer – Die Nahrung der Seele und des Geistes – Das Bewusstsein – Das Höhere Selbst – Die Wahrheit – Die Freiheit.
Band 18: Die Schönheit – Die spirituelle Arbeit – Die Macht des Denkens – Die Erkenntnis: das Herz und der Intellekt – Die Kausalebene – Konzentration, Meditation, Kontemplation, Identifikation – Das Gebet – Die Liebe – Der Wille – Die Kunst, die Musik – Die Geste – Die Atmung.

**19-22 Wird nicht ins Deutsche übersetzt**

**23/24 Die neue Religion – Eine universelle Sonnenreligion**

Band 23: Der Strom des Lebens – Der Mensch und seine zwei Naturen – Ihr seid Götter – Die heliozentrische Revolution: Die Bruderschaft – Der Meister – Die Sonne, Abbild der heiligen Dreifaltigkeit – Ein neuer Typ Mensch: Die symbolische Bedeutung des Prismas – Die Nahrung: Das Wort – Wie man an seiner eigenen Materie arbeiten kann – Der Körper der Auferstehung – Die Gesetze des Schicksals.
Band 24: Die Lehre der Kraft – Der Sinn des Reichtums und des Besitzes in der Einweihungswissenschaft – Die Liebe ist Eins – Die wahre Ehe – Wie man die Auffassung der Ehe erweitert – Die Rolle der Frau in der neuen Kultur – Die wahren Grundlagen der Religion

– Die geistige Schöpfung – Die Suche nach dem Stein der Weisen – An die Jugend und die Familien – Das Reich Gottes auf Erden.

**Band 25/26 - Der Wassermann und das Goldene Zeitalter**

Band 25: Das Wassermann-Zeitalter – Der Geist der Brüderlichkeit ist im Kommen – Jugend und Revolution – Kommunismus und Kapitalismus – Die wahre Ökonomie – Gold und Licht – Aristokratie und Demokratie – Die Politik im Licht der Einweihungswissenschaft
Band 26: Die Prinzipien und die Formen – Die wahre Religion Christi – Die Idee der Pan-Erde – Der kosmische Körper – Das Reich Gottes und seine Gerechtigkeit – Das neue Jerusalem.

**Band 27 - Die Pädagogik in der Einweihungslehre**

Zuerst sollten die Eltern unterwiesen werden – Die Rolle des Unterbewusstseins bei der Kindererziehung – Erziehung und Bildung – Die Macht des Vorbildes – Die Jugend auf die Zukunft vorbereiten – Das Erlernen der Gesetze – Das Kind und der Erwachsene – Die Rolle eines Meisters – Die Nachahmung als Faktor der Erziehung – Die Einstellung gegenüber einem Meister – Die Methoden eines Meisters – Die Arbeit in der Einweihungsschule.

**Band 28/29 - Die Pädagogik in der Einweihungslehre**

Band 28: Weshalb man ein spirituelles Leben wählen sollte / Der Sinn des Lebens, die Entwicklung / Die gestaltende Vorstellungskraft / Lesen und Schreiben / Der Selbstmord / Eine neue Einstellung dem Bösen gegenüber / Die Raupe und der Schmetterling / Die Liebe, ein Bewusstseinszustand / Die Geburt auf den verschiedenen Ebenen / Die Sonne als Vorbild / Mann und Frau in der neuen Kultur
Band 29: Die Gesetze der spirituellen Arbeit / Unsere Verantwortung / Das neue Leben erbauen / Das lebendige Wissen – Lasst die Quelle sprudeln – Die spirituelle Atmosphäre – Die Medizin der Zukunft – Lebt in der Poesie! / Seid vollkommen wie euer Vater im Himmel vollkommen ist / Die Wirklichkeit der unsichtbaren Welt / Nehmt teil an der Arbeit der Universellen Weißen Bruderschaft.

**Band 30/31 – Leben und Arbeit in einer Einweihungsschule**

Band 30: Zum »Tag der Sonne« / Le Bonfin / Die Arbeit in der göttlichen Schule / Hrani Yoga und Surya-Yoga / Der Geist dieser Lehre / Materie und Licht / Die Reinheit, Voraussetzung für das Licht / Der Sinn der Einweihung

Band 31: Das neue Leben / Materialisten und spirituelle Menschen / Der wahre Sinn des Wortes Arbeit / Wie man mit Schwierigkeiten umgeht / Die Beschäftigung des Schülers mit seiner niederen Natur / Eitelkeit und Hochmut / Meister und Schüler / Wie man über die Vorstellung von Gerechtigkeit hinauswächst / Hierarchie und Freiheit / Die Allmacht des Lichtes

**Band 32 - Die Früchte des Lebensbaums**

Wie man das Studium der Kabbala in Angriff nehmen sollte – Die Zahl 10 und die 10 Sephiroth – Der Lebensbaum – Die Erschaffung der Welt – Der Sündenfall und der Wiederaufstieg des Menschen – Die vier Elemente – Die Macht des Feuers – Wasser und Feuer – Das lebendige WORT – Die esoterische Kirche des Johannes – Binah, das Reich der Beständigkeit – Der menschliche Geist ist der Vorbestimmung überlegen – Der Tod und das Leben im Jenseits – Menschliche und kosmische Atmung – Die Kardinalfeste – Der Mond und sein Einfluss auf die Seelen – Der Zauberstab – Die Naturgeister – Der Gralskelch – Die Errichtung des inneren Tempels.

*Vom selben Autor*

**Reihe Broschüren**

301 Das neue Jahr
302 Die Meditation
303 Die Atmung
304 Der Tod und das Leben im Jenseits
305 Das Gebet
306 Musik und Gesang im spirituellen Leben
307 Das hohe Ideal
308 Das Osterfest – Die Auferstehung und das Leben
309 Die Aura
310 In die Stille gehen
311 Wie Gedanken sich in der Materie verwirklichen
312 Die Reinkarnation
313 Das Vaterunser
314 Das Gesetz der Gerechtigkeit und das Gesetz der Liebe
315 Die Quelle des Lebens
316 Die Nahrung, ein Liebesbrief des Schöpfers
317 Die Kunst und das Leben
318 Die wesentliche Aufgabe der Mutter während der Schwangerschaft
319 Die Seele, Instrument des Geistes
320 Menschliches und göttliches Wort
321 Weihnachten und das Mysterium der Geburt Christi
322 Die spirituellen Grundlagen der Medizin
323 Meditationen beim Sonnenaufgang
324 Der Friede, ein höherer Bewusstseinszustand
325 Das Ideal des brüderlichen Lebens
326 Die ganze Schöpfung wohnt in uns
327 Der Preis der Freiheit

*Vom selben Autor*

**Reihe Stani**

Omraam Mikhaël Aïvanhov hat in seinen Vorträgen viele praktische Übungen und Methoden empfohlen, die den Menschen helfen, ihren Alltag sinnvoll zu bereichern. Diese Übungen sind erprobt, wirksam, einfach und leicht im Alltag integrierbar. Ihr Ziel ist es, die Gesundheit von Körper, Seele und Geist des Menschen zu fördern und ihn in seiner Weiterentwicklung zu unterstützen. Die Bücher enthalten anschauliche Farb-Abbildungen, Fotos, Tabellen und Diagramme, welche das Verständnis und die Umsetzung der Übungen noch erleichtern.

905 Die Gymnastik-Übungen – Sinn, Ablauf und Entsprechung zu heiligen Symbolen (mit DVD)

906 Erhebende Gedanken – Die Meditation

907 Das Licht und die Farben – Kräfte der Schöpfung

908 Vom Sinn des Betens – Erklärung und Gebete

Außerhalb der Buchreihe Stani empfehlen wir Ihnen auch noch Band 13 der Buchreihe Gesamtwerke »Die Neue Erde – Anleitungen, Übungen, Sprüche, Gebete«. Dieses Buch enthält Übungen zu weiteren Gebieten des täglichen Lebens.

**Reihe »Gedanken für den Tag«**

Das Taschenbuch »Gedanken für den Tag« enthält für jeden Tag des Jahres ein Zitat von Omraam Mikhaël Aïvanhov als geistige Anregung und Begleiter für den Alltag. Es ist eine gute Meditationshilfe und auch als Geschenk bestens geeignet. Das Buch erscheint jährlich mit neuen Texten und ist einer unserer Bestseller. Ausgaben aus vergangenen Jahren sind ebenfalls noch erhältlich (solange Vorrat reicht).

Auf unserer Internet-Seite können Sie alle Tagesgedanken ab dem Jahr 2005 lesen (www.prosveta.de, www.prosveta.ch, www.prosveta.at). In diesen mehr als 7.000 Tagesgedanken können Sie mit der Hilfe der Suchfunktion nach Themen oder Begriffen Ihrer Wahl suchen.

## Biografien und Bildbände

200 Hommage an Meister Peter Danov

901 Kurzbiografie »Die schöne Geschichte von einem Meister«

902 Licht am Horizont – Die ersten Schüler von Omraam Mikhaël Aïvanhov erzählen

903 Biografie »Der Weg des Lichtes«

940 Bildband O. M. Aïvanhov

941 Die Botschaft der Blumen

942 Die Sterne: Was sie uns lehren

904 Das Geheimnis des Lichts: Leben und Lehre von Omraam Mikhaël Aïvanhov (nur als E-Book)

## Verlags-Auslieferung

Frankreich (Hauptverlag)
Éditions Prosveta S.A.
1277, av. Jean Lachenaud – F-83601 Fréjus
Tel. 04 94 19 33 33, Fax 04 94 19 33 34
contact@prosveta.com, www.prosveta.fr

Deutschland
Prosveta Verlag GmbH
Grabenstr. 14, 78661 Dietingen
Tel. 07427-3430, E-Mail: kontakt@prosveta.de
www.prosveta.de

Österreich
Harmoniequell Versand
Ulmenweg 8, 5302 Henndorf
Tel. und Fax 06214 7413, E-Mail: info@prosveta.at
www.prosveta.at

Schweiz
Éditions Prosveta
1808 Les Monts-de-Corsier 13
Tel. 021 921 92 18, Fax 021 922 92 04
editions@prosveta.ch, www.prosveta.ch

*Auslieferungsadressen für weitere Länder finden Sie unter*
www.prosveta.de/informationen/bestelladressen

---

Wenn Sie sich für Veranstaltungen interessieren, in denen die Lehre von Omraam Mikhaël Aïvanhov vertieft werden kann, wenden Sie sich bitte an eine der folgenden Adressen:

**Deutschland**
UWB e.V., www.aivanhov.de, info@aivanhov.de

**Schweiz**
FBU, Chemin de la Céramone 13, 1808 Les-Monts-de-Corsier
Telefon 021 925 40 80, www.videlinata.ch

**Österreich**
UWB, Telefon 01 27 698 32
Internet: www.uwb.at, E-Mail: info@uwb.at